오케이

O.K

O.K 스페인어회화

국제언어교육연구회

태을출판사

# 들어가는 말

21세기 글로벌 시대에 외국어 구사능력은 선택의 문제가
아닌 생존의 조건입니다.

영어는 기본이고 중국어 · 일본어 · 독일어 · 불어 · 서반아
어 등 제2외국어를 소홀히 하다간 국내에서는 물론이고 국
가간 경쟁에서도 뒤쳐질 수밖에 없기 때문입니다.

교육전문가들은 생활외국어를 제대로 익히기 위해선 외
국어 교육이 혁신되어야 한다고 말합니다.

10년 이상 배워봐야 말 한마디 제대로 못하는 학교 영어
교육의 개편과 함께 제2외국어 교육의 내실화가 시급하다
는 지적입니다.

외국어는 어렵습니다. 그러나 누구든지 할려고만 하면
'쉽게' 정복할 수가 있습니다.

이렇게 말하면 더러는 발론(反論)을 제기하는 사람도 있
을 것입니다. 그러나 그것은 외국어의 근본을 모르고 있는
사람들의 한갓 변명에 불과할 뿐입니다. 어렵게 생각하면 이
세상의 모든 일들이 다 '어려운' 것입니다.

외국 사람들은, 세계에서 가장 배우기 힘든 '언어' 속에

'한국어'를 포함시키고 있습니다. 그 어려운 언어를 우리는 지금 자유자재로 구사하고 있습니다. 우리는 우리말에 대하여 어렵다고 생각해 본 적이 없습니다. 어린 시절, 걸음마를 배우면서부터 우리 자신도 모르게 낱말 한두 개씩을 중얼거리며 익혀오던 우리말입니다. 아직 엄마의 젖을 물고 있던 그 시절, 이미 우리는 무슨 말이든지 의사를 표현하고 받아들일 수가 있었습니다. 아주 자연스럽게 말입니다.

외국어도 이와 마찬가지입니다. 스스로 어렵다는 생각을 버릴 때, 비로소 쉬워지는 것이 외국어입니다.

우리가 어린 시절 수 년에 걸쳐서 우리말을 생활속에서 터득하였듯이, 외국어도 단시일 내에 뿌리까지 뽑겠다는 생각을 한다면 그것은 무리입니다. 단시일에 마스터 하겠다는 그 생각이 바로 외국어를 어렵게 만드는 것입니다.

쉽게 생각하고 쉽게 덤벼들면 쉽게 정복할 수 있는 것이 바로 외국어입니다.

지금 바로 이 순간부터 한번 시도해 보십시오. 당신은 이 책을 가까이 두고 실생활에서 익히는 동안 충분히 실감하게 될 것입니다.

국제언어교육연구회

# 제 2 부   기초 서반아어 회화

제 1 부

꼭 알아야 할 기본문법

# I. 알파베또(Alfabeto)

자음 25개, 모음 5개로 이루어져 있다.

| | | | | | | | |
|---|---|---|---|---|---|---|---|
| A | a | a | 아 | N | n | ene | 에네 |
| B | b | be | 베 | Ñ | ñ | eñe | 에녜 |
| C | c | ce | 쎄 | O | o | o | 오 |
| Ch | ch | che | 체 | P | p | pe | 뻬 |
| D | d | de | 데 | Q | q | cu | 꾸 |
| E | e | e | 에 | R | r | ere | 에레 |
| F | f | efe | 에훼 | Rr | rr | erre | 어ㄹ레 |
| G | g | ge | 혜 | S | s | ese | 에쎄 |
| H | h | h | 아체 | T | t | t | 떼 |
| I | i | i | 이 | U | u | u | 우 |
| J | j | jota | 호따 | V | v | ve | 베 |
| K | k | ca | 까 | W | w | ve doble | 베 도블레 |
| L | l | ele | 엘레 | X | x | ekis | 에끼스 |
| Ll | ll | elle | 엘례 | Y | y | igriega | 이그리에가 |
| M | m | eme | 에메 | Z | z | zeta | 세따 |

# II. 발음(發音)

1) 자음 25개

|  | a | e | i | o | u |
|---|---|---|---|---|---|
| **b** | ba 바 | be 베 | bi 비 | bo 보 | bu 부 |
| **c** | ca 까 | ce 쎄 | ci 씨 | co 꼬 | cu 꾸 |
| **ch** | cha 차 | che 체 | chi 치 | cho 쵸 | chu 추 |
| **d** | da 다 | de 데 | di 디 | do 도 | du 두 |
| **f** | fa 파 | fe 페 | fi 피 | fo 포 | fu 푸 |
| **g** | ga 가 | ge 혜 | gi 히 | go 고 | gu 구 |
| **h** | ha 아 | he 에 | hi 이 | ho 오 | hu 우 |
| **j** | ja 하 | je 혜 | ji 히 | jo 호 | ju 후 |
| **k** | ka 까 | ke 께 | ki 끼 | ko 꼬 | ku 꾸 |
| **l** | la 라 | le 레 | li 리 | lo 로 | lu 루 |
| **ll** | lla 야 | lle 이예 | lli 이 | llo 요 | llu 유 |
| **m** | ma 마 | me 메 | mi 미 | mo 모 | mu 무 |
| **n** | na 나 | ne 네 | ni 니 | no 노 | nu 누 |
| **ñ** | ña 냐 | ñe 녜 | ñi 니 | ño 뇨 | ñu 뉴 |
| **p** | pa 빠 | pe 뻬 | pi 삐 | po 뽀 | pu 뿌 |
| **q** |  | que 께 | qui 끼 |  |  |
| **r** | ra 라 | re 레 | ri 리 | ro 로 | ru 루 |
| **rr** | rra 르라 | rre 르레 | rri 르리 | rro 르로 | rru 르루 |
| **s** | sa 사 | se 세 | si 시 | so 소 | su 수 |

| | | | | | |
|---|---|---|---|---|---|
| **t** | ta 따 | te 떼 | ti 띠 | to 또 | tu 뚜 |
| **v** | va 바 | ve 베 | vi 비 | vo 보 | vu 부 |
| **w** | wa 와 | we 웨 | wi 위 | wo 워 | wu 우 |
| **x** | xa-ㄱ사 | xe-ㄱ세 | xi-ㄱ시 | xo-ㄱ소 | xu-ㄱ수 |
| **y** | ya 야 | ye 예 | yi 이 | yo 요 | yu 유 |
| **z** | za 싸 | ze 쎄 | zi 씨 | zo 쏘 | zu 쑤 |

2) 모음 5개

　　a, e, i, o, u

1. 강모음 : a, e, o

2. 약모음 : i, u

3. 2중모음 : ai, au, ei, eu, oi, ou, ia, ua, ie, ue, io,
　　　　　　uo, ui, iu

4. 3중모음 : iai, iei, uai, uei

## III. 악센또(Acento)

　스페인어에 있어서 악센트는 대단히 중요하다. 악센트의 위치에 따라 전혀 다른 뜻의 말로 들리기도 하고, 그 낱말 자체에 대한 이해를 곤란하게도 만든다.

14

   악센트의 위치는 모음에 있으며 2중 모음인 경우는
강모음에, 연속된 약모음의 경우엔 후의 모음에 악센트
가 있다. 악센트가 있는 음절은 좀 길게 그리고 강하게
발음하여야 한다.

   서반아어에 있어서 악센트는 다음과 같은 규칙을 따
른다.

a.   자음(n, s는 제외)으로 끝난 단어는 맨 마지막 음절
     의 모음에 악센트가 있다.

     favor → favôr(호의, 은혜)

     reloj → relôj(시계)

     farol → farôl(초롱불, 가로등)

b.   모음(a, e, i, ou)과 n, s로 끝난 단어는 마지막으로
     부터 두번째 음절의 모음에 악센트가 있다.

     libro → lîbro(책)

     interesante → interesânte(재미있는)

c.   위의 규칙 외에 불규칙적인 악센트를 가진 단어는
     그때 그때 암기해 두어야 하며 단어를 표기할 때도
     반드시 악센트 부호( ´ )를 찍어야 한다.

     aquí(여기)

     corazón(마음, 심장)

periódico(신문)

※ i 위에 악센트 부호를 써 주어야 할 때는 í로 표기한
다.


## IV. 명사의 성

서반아어의 명사는 남성과 여성으로 구분되는 데, a,
d, z, ie, umbre, ción 등으로 끝난 단어는 대개가 여성
이며 이밖의 문자로 끝난 단어는 대개가 남성이다.

| 남성 | 여성 |
|------|------|
| libro 책 | casa 집 |
| padre 아버지 | ciudad 도시 |
| profesor 교수 | estación 역, 계절 |

※ 위의 규칙을 따르지 않는 경우는 따로 기억해 두어
야 한다.

| 남성 | 여성 |
|------|------|
| día 날(日) | mano 손 |
| mapa 지도 | flor 꽃 |

그러나 padre(아버지), madre(어머니), hombre(남
자), mujer(여자) 등은 어머의 문자와 관계 없이 자연성

그대로를 따른다.

## V. 정관사와 부정관사

a. 정관사 (영어의 the 에 해당한다)

|  | 단수 | 복수 |
|---|---|---|
| 남 | el | los |
| 여 | la | las |

b. 부정관사 (영어의 a 혹은 an 에 해당)

|  | 단수 | 복수 |
|---|---|---|
| 남 | un | unos |
| 여 | una | unas |

　부정관사의 단수는 <하나> 또는 <어느>의 뜻으로
쓰이며 복수는 약간의 뜻으로 쓰인다.

# VI. 주격인칭 대명사(代名詞)

(Pronombres personales nominativos)

| 수<br>인칭 | 단 수 | 복 수 |
|---|---|---|
| 1 | yo 나 | nosotros(남)<br> 우리들<br>nosotras(여) |
| 2 | tú 너 | vosotros(남)<br> 너희들<br>vosotras(여) |
| 3 | él 그 남자<br>ella 그 여자<br>usted 당신 | ellos 그들<br>ellas 그녀들<br>ustedes 당신들 |

　실제로 usted 와 ustedes 는 2인칭이지만 그 동사 변화형이 3인칭과 동일하기 때문에 문법의 편이상 3인칭이라 부르는 것이다.

　nosotras 와 vosotras 는 여성에게만 쓰이며 남녀가 함께 존재할 때는 남성형으로 쓴다.

제 2 부

기초 스페인어 회화

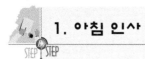

## 1. 아침 인사

Ⓐ 안녕하세요!

Ⓑ 안녕하세요. 일본인이십니까?

Ⓐ 아뇨. 한국인입니다. 당신은 스페인 사람입니까?

Ⓑ 아니요, 멕시코 사람입니다.

Ⓐ 아! 그러세요.

WORDS & PHRASES ♫

- bueno : 좋은
- día : 명 날, 날짜
- es : ser(이다)의 3인칭 단수
- japonés : 형 일본의, 일본인, 일본어
- No : 아니오
- coreano : 형 한국의 명 한국인, 한국어
- soy : ser 의 1인칭 단수형
- Mexicano : 형 멕시코의 명 멕시코인
- Ah : 아! 감탄사　• muy : 매우　• bien : 좋은

부에노쓰 디아쓰
# ¡Buenos días!

부에노쓰 디아쓰
Ⓐ ¡Buenos días!

부에노쓰 디아쓰 에쓰 하뽀네쓰
Ⓑ ¡Buenos días! ¿Es japonés?

노 꼬레아노 이 우스떼드 에쓰 에쓰빠뇰
Ⓐ No, coreano. ¿Y usted es español?

노 쏘이 멕씨까노
Ⓑ No. Soy mexicano.

아 무이 비엔
Ⓐ ¡Ah, muy bien!

---

### 유용한 표현

▶화장실은 어디에 있습니까?
돈데 에스따 엘 바뇨
¿Dónde está el baño?

▶이것은 무엇입니까?
께 에쓰 에스또
¿Qué es esto?

▶이름이 무엇입니까?
꼬모 쎄 야마 우스떼드
¿Cómo se llama Ud.?

21

## 2. 오후 인사

STEP STEP

Ⓐ 안녕하세요 선생님!

Ⓑ 안녕하세요 아가씨!

Ⓐ 어떻게 지내십니까?

Ⓑ 매우 잘 지냅니다. 감사합니다. 당신은요?

Ⓐ 잘 지냅니다. 감사합니다.

## WORDS & PHRASES 32

- bueno : 좋은. 스페인어에서 형용사는 명사의 성수에 일치 시킨다. 여기서도 tarde가 여성 복수형태이기 때문에 이에 일치시켜 buenas로 썼다. 여성형을 만드는 방법은 o→a로 고치면 된다.
- tarde : f. 오후. 복수 tardes
- señor : 씨. 선생님. 주로 성인 남자에게 사용
- señorita : 아가씨. 양. 미혼 여성에게 사용
- cómo : 어떻게(영어의 how)
- usted : 당신은  • gracias : 고맙습니다  • y : 그리고

부에나쓰  따르데쓰
# Buenas tardes

부에나쓰  따르데쓰  쎄뇨르
Ⓐ Buenas tardes, señor.

부에나쓰  따르데쓰  쎄뇨리따
Ⓑ Buenas tardes, señorita.

꼬모  에스따 우스떼드
Ⓐ ¿Cómo está usted?

무이  비엔  그라씨아쓰 이 우스떼드
Ⓑ Muy bien, gracias, y ¿usted?

비엔    그라씨아쓰
Ⓐ Bien, gracias.

## 유용한 표현

▶좀 도와주세요.
아유데메 뽀르 화보르
Ayúdeme, por favor

▶행운을 빕니다.
께 뗑가 부에나 수에르떼
Que tenga buena suerte

## 3. 한국에 오신 것을 환영합니다.

Ⓐ 한국에 오신 것을 환영합니다.

Ⓑ 감사합니다.

Ⓐ 당신은 멕시코에서 오셨지요?

Ⓑ 아닙니다. 스페인에서 왔습니다.

Ⓐ 아! 그래요.

WORDS & PHRASES 32

- bienvenido : m. 환영
- Corea : 한국
- viene : venir(오다)의 3인칭 단수형

|      | 단수     | 복수      |
|------|----------|-----------|
| 1인칭 | vengo    | venimos   |
| 2인칭 | vienes   | venís     |
| 3인칭 | viene    | vienen    |

24

비엔베니도　　　아　꼬레아
## Bienvenido a Corea.

ⓐ
비엔베니도　　　아　꼬레아
**Bienvenido a Corea.**

ⓑ
그라씨아쓰
**Gracias**

ⓐ
비에네 우스떼드 데 멕씨꼬
**¿Viene usted de Mexico?**

ⓑ
노　　　벵고　　데　에스빠냐
**No. Vengo de España.**

ⓐ
오　씨
**¡Oh, si!**

---

### 기차 여행

▶그 기차가 어디발 기차지요?

데 돈데 비에네 엘 뜨렌
¿De dónde viene el tren?

▶부산발 기차입니다.

엘 뜨렌 비에네 데 부산
El tren viene de Busan.

▶제가 기차를 갈아 타야만 합니까?

뗑고 께 깜비아르 데 뜨렌
¿Tengo que cambiar de tren?

**25**

## 4. 당신은 어디에서 오셨습니까?

STEP STEP

Ⓐ 당신은 어디에서 오셨습니까?

Ⓑ 아르헨티나에서 왔습니다. 당신은요?

Ⓐ 바로 여기에서요. 저는 한국인이거든요.

Ⓑ 그러세요.

Ⓐ 당신은 스페인어를 매우 잘 하시겠네요?

Ⓑ 물론입니다.

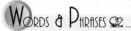

WORDS & PHRASES 32

- mismo : 바로
- Aquí : 여기
- habla : hablar(말하다)의 3인칭 단수형
- claro que sí : 물론
- 스페인어의 모든 동사는 -ar. er. ir로 끝나는 데, ar로 끝 나는 동사를 제1변화동사, er를 2변화동사, ir를 3변화동 사라고 칭한다. 제1변화동사의 직설법 현재는 ar를 떼고 만든다.

데 돈데 비에네 우스떼드
# ¿De dónde viene usted?

데 돈데 비에네 우스떼드
Ⓐ ¿De dónde viene usted?

벵고 데 아르헨띠나 이 우스떼드
Ⓑ Vengo de Argentina y ¿usted?

아끼 미스모 쏘이 꼬레아노
Ⓐ Aquí mismo, soy coreano.

부에노
Ⓑ Bueno.

아블라 우스떼드 무이 비엔 엘 에스빠뇰
Ⓐ ¿Habla usted muy bien el español?

끌라로 께 씨
Ⓑ ¡Claro que sí!

---

**기차 여행**

▶ 아닙니다. 그럴 필요가 없습니다.

노 노 띠에네 께 아쎄를로
No, no tiene que hacerlo.

▶ 그 기차가 서울까지 가니까요.

뽀르께 엘 뜨렌 바 아 세울
Porque el tren va a Seúl.

27

## 5. 어디에 가십니까?

Ⓐ 어디에 가십니까?

Ⓑ 부산에 갑니다.

Ⓐ 무엇하러 가시는데요?

Ⓑ 제 여자 친구를 만나러 갑니다.

Ⓐ 저도 역시 부산에 갑니다.

Ⓑ 부산에 가신다구요?

Ⓐ 네. 제가 거기 출신이거든요.

## WORDS & PHRASES

- a : 전치사. ~을, ~에게, ~로
- dónde : 어디. 어디에(영어의 where)
- va : ir(가다)의 3인칭 단수형
- para : 전치사. ~을 위하여
- qué : 무엇(영어의 what)
- encontrar : 만나다

아 똔데　　바 우스떼드
# ¿A dónde va usted?

아 똔데　　바 우스떼드
Ⓐ ¿A dónde va usted?

보이 아 부산
Ⓑ Voy a Busan.

빠라 께
Ⓐ ¿Para qué?

보이 아 엔꼰뜨라르　아 미 아미가
Ⓑ Voy a encontrar a mi amiga.

요 땀비엔　　보이 아 부산
Ⓐ Yo también voy a Busan.

아 부산
Ⓑ ¿A Busan?

씨 쎄뇨르 쏘이 데 아이
Ⓐ Sí, señor. Soy de allí.

# WORDS & PHRASES ✷

- mi : 나의
- amiga : 여자 친구. amigo (남자 친구)
- sí : 예(영어의 yes)
- de : ~로부터(영어의 from)
- allí : 거기

29

## 6. 지금 몇 시입니까?

STEP STEP

Ⓐ 저, 지금 몇 시입니까?

Ⓑ 열두 시입니다.

Ⓐ 두 시라고요?

Ⓑ 아니요 열두 시라고요.

Ⓐ 벌써 열두 시입니까?

Ⓑ 네 그래요, 선생님.

### WORDS & PHRASES 32

• hora : f. 시간, 시
• ahora : 지금
• por favor : 영어의 please
• las : 여성관사 복수
• doce : 12
• dos : 2
• ya : 이미, 벌써, 이제, 지금

께　오라　에쓰 아오라
## ¿Qué hora es ahora?

ⓐ
뽀르 파보르　께　오라 에쓰 아오라
Por favor. ¿Qué hora es ahora?

ⓑ
쏜　라쓰 도쎄
Son las doce.

ⓐ
라쓰 도쓰
¿Las dos?

ⓑ
노　쏜　라쓰 도쎄
No. Son las doce.

ⓐ
야　쏜　라쓰 도쎄
¿Ya son las doce?

ⓑ
씨　쎄뇨르
Sí, señor.

---

### 담배 가게

▶무엇을 원하시죠?

께 끼에레 우스떼ㄷ
¿Qué quiere usted?

▶담배를 사고 싶은데요.

끼에로 꼼쁘라르 엘 씨가리요
Quiero comprar el cigarillo.

▶여기 있습니다.

아끼 에스따
Aquí está.

STEP STEP

Ⓐ 이것은 무엇입니까?

Ⓑ 펜입니다.

Ⓐ 모양이 매우 독특하군요.

Ⓑ 네, 그래요.

Ⓐ 그러면 저것은 무엇입니까?

Ⓑ 공책입니다.

## WORDS & PHRASES 32

- ésto : 이것. 지시대명사
- una : 부정관사 여성형
- pluma : f. 펜
- estilo : m. 모양, 스타일
- raro : 드문, 희귀한, 독특한
- aquél : 저것. 지시대명사
- cuaderno : m. 수첩, 공책

## 께 에쓰 에스또
# ¿Qué es ésto?

께 에쓰 에스또
Ⓐ ¿Qué es ésto?

에쓰 우나 쁠루마
Ⓑ Es una pluma.

엘 에스띨로 에쓰 무이 라로
Ⓐ El estilo es muy raro.

씨 쎄뇨르
Ⓑ Sí, señor.

이 께 에쓰 아껠
Ⓐ Y ¿Qué es aquél?

에쓰 온 꾸아데르노
Ⓑ Es un cuaderno.

---

### 담배 가게

▶라이타도 있습니까?
아이 엘 엔쎈데도르 땀비엔
¿Hay el encendedor también?

▶네. 보세요.
씨 베아 우스떼ㄷ
Sí. Vea usted.

▶이것이 좋은 것 같군요.
메 빠레쎄 께 에스떼 에쓰 부에노
Me parece que éste es bueno.

33

## 8. 이름이 무엇입니까?

STEP STEP

Ⓐ 이름이 무엇입니까?

Ⓑ 까르멘입니다. 그러면 당신 이름은 무엇입니까?

Ⓐ 저는 정숙입니다.

Ⓑ 당신은 키가 작군요.

Ⓐ 그래요. 하지만 지나치게 작지는 않아요.

Ⓑ 물론이예요.

# WORDS & PHRASES

- llamarse : 불리다
- bajo : 낮은, (키가) 작은 여성형 앞에서는 baja로 됨
- pero : 그러나
- demaciado : 지나치게, 너무
- lo : 그 일을, 그것을
- creo : creer (믿다)의 1인칭 단수형

34

꼬모 쎄 야마 우스떼드
# ¿Cómo se llama usted?

꼬모 쎄 야마 우스떼드
Ⓐ ¿Cómo se llama usted?

메 야모 까르멘
Ⓑ Me llamo Carmen. Y ¿usted?

요 정숙
Ⓐ Yo… Jongsuk.

우스떼드 에쓰 바하
Ⓑ Usted es baja.

부에노 뻬로 노 에쓰 데마씨아도 바하
Ⓐ Bueno, pero no es demaciado baja.

야 로 끄레오
Ⓑ ¡Ya lo creo!

## 미술관에서

▶너는 저 그림 어떻다고 생각하니?

께 떼 빠레쎄 에스떼 꾸아드로
¿Qué te parece este cuadro?

▶단지 좀 복잡하다고 느낄 뿐이야.

쏠라멘떼 씨엔또 께 에쓰 운 뽀꼬 꼼쁠레호
Solamente siento que es un poco complejo.

▶나는 그렇게 생각 안해.

요 삐엔쏘 께 노
Yo pienso que no.

35

Ⓐ 안녕하세요, 부인.

Ⓑ 안녕하세요.

Ⓐ 만나서 반갑습니다.

Ⓑ 저 또한 그렇습니다.

Ⓐ 어떻게 지내세요?

Ⓑ 잘 지내고 있습니다. 감사합니다. 당신은요?

Ⓐ 그럭저럭 지냅니다.

 WORDS & PHRASES

- hola : 안녕, 여보세요 정도의 가벼운 인사
- señora : 부인
- alegrarse : 기쁘다
- ver : 보다
- le : 직접목적대명사. 당신을, 그를

메 알레그로 데 베를레 아 우스떼드
# Me alegro de verle a usted.

올라 부에노쓰 디아쓰 쎄뇨라
Ⓐ Hola, buenos días, señora.

올라 부에노쓰 디아쓰
Ⓑ Hola, buenos días.

메 알레그로 데 베를레 아 우스떼드
Ⓐ Me alegro de verle a usted.

요 땀비엔
Ⓑ Yo también.

꼬모 에스따 우스떼드
Ⓐ ¿Cómo está usted?

무이 비엔 그라씨아쓰 이 우스떼드
Ⓑ Muy bíen, gracias. Y ¿usted?

아씨 아씨
Ⓐ Así así.

## Words & Phrases 32

- tambien : 역시, 또한
- así : 이런 식으로, 그처럼

Ⓐ 서울역이 어디에 있습니까?

Ⓑ 도시 중심에 있습니다.

즉, 시청 근처에 있어요.

Ⓐ 바로 옆에 있습니까?

Ⓑ 아니요. 하지만 그리 멀지 않아요.

Ⓐ 대단히 감사합니다. 아가씨.

Ⓑ 천만에요. 안녕히 가세요.

## WORDS & PHRASES 32

- centro : m. 중심, 내부
- ciudad : f. 도시
- o sea : 즉, 말하자면
- cerca : 근처, 옆
- casi : 거의

돈데     에스따 세울     에스따씨온
# ¿Dónde está Seúl Estación?

돈데     에스따 세울   에스따씨온
Ⓐ ¿Dónde está Seúl Estación?

에스따 엔 엘 쎈뜨로 데 라 씨우닫   오 쎄아
Ⓑ Está en el centro de la ciudad, o sea,

쎄르까 데   아유다미엔또
cerca de Ayudamiento.

까씨 알 라도
Ⓐ ¿Casi al lado?

노    뻬로 노 에쓰 딴 레호쓰
Ⓑ No. Pero no es tan lejos.

무차쓰     그라씨아쓰 쎄뇨리따
Ⓐ Muchas gracias, señorita.

데   나다    아디오쓰
Ⓑ De nada, adios.

## WORDS & PHRASES ♪

- lado : m. 옆, 측면
- tan : 그렇게, 그 정도로
- lejos : 멀리
- de nada : 천만에
- adios : 안녕(헤어질 때 인사)

**39**

Ⓐ 어떤 차가 맘에 드세요. 선생님?

Ⓑ 모두 너무 예뻐서

어떤 차를 골라야할 지 모르겠네요.

Ⓐ 이 빨간 차 맘에 들지 않으세요?

○○회사 제품인데 매우 좋습니다.

Ⓑ 그 차는 너무 크군요.

저 차가 더 맘에 드는데요.

Ⓐ 그러세요. 정말 예쁘죠.

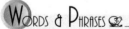

## WORDS & PHRASES ❷

- coche : m. 차
- cuál : 어떤, 어떤 것(영어의 which)
- gustar : 좋아하다

- grande : 큰

- fabricación : f. 제조, 제조품

40

## 엘  꼬체
# El coche

<br>

꽐  꼬체  레  구스따  쎄뇨르
Ⓐ ¿Cuál coche le gusta, señor?

또도쓰  쏜  무이  보니또쓰  노  쎄  꽐
Ⓑ Todos son muy bonitos no sé cuál

에스꼬헤르
escoger.

노  레  구스따  에스데  꼬체  로호
Ⓐ ¿No le gusta este coche rojo?

에쓰  데  화브리까씨온  ○○  이  무이  부에노
Es de fabricación ○○ y muy bueno.

엘  꼬체  에쓰  데마씨아도  그란데
Ⓑ El coche es demaciade grande.

메  구스따  마쓰  아께ㄹ  꼬체
Me gusta más aquel coche.

부에노  레알멘떼  에스  보니또
Ⓐ Bueno. Realmente es bonito.

<br>

# WORDS & PHRASES 🔊

- todo : 모두
- bonito : 예쁜
- sé : saber (알다)의 1인칭 단수형
- escoger : 선택하다, 고르다
- rojo : 빨간

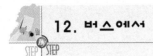

## 12. 버스에서

Ⓐ 실례지만, 이 버스가 어디로 갑니까?

Ⓑ 남대문시장까지 갑니다.

Ⓐ 시장이 서울 복판에 있습니까?

Ⓑ 그래요, 당신은 어디에 가시는데요?

Ⓐ 롯데 호텔에 갑니다.

Ⓑ 그래요. 이 버스가 그곳까지 갑니다.

## WORDS & PHRASES 32

- en : 안에, 에서(영어의 in)
- autobús : m. 버스
- hasta : ~ 까지
- mercado : m. 시장

42

엔　엘　아우또부쓰
# En el autobús

엔　엘　아우또부쓰

보르　파보르　아돈데　바　에스떼　아우또부쓰
Ⓐ Por favor, ¿adónde va este autobús?

아스따　남대문　　메르까도
Ⓑ Hasta Namdaemun Mercado.

에스따 엔 엘 쎈뜨로 데 세울
Ⓐ ¿Está en el centro de Seúl?

씨　아돈데　　바　우스떼드
Ⓑ Sí. ¿Adónde va usted?

보이　알　오뗄　로떼
Ⓐ Voy al Hotel Lote.

부에노　에스떼　아우또부쓰　바　아이
Ⓑ Bueno, este autobús va allí.

---

**미술관에서**

▶ 너는 저 그림 어떻다고 생각하니?

께 떼 빠레쎄 에스떼 꾸아드로
¿Qué te parece este cuadro?

▶ 내겐 너무 단순하게 보여.

메 빠레쎄 께 에쓰 데마씨아도 모노또노
Me parece que es demaciado monótono.

43

Ⓐ 당신은 결혼을 하셨습니까?

Ⓑ 아니요. 미혼입니다.

Ⓐ 그러면 애인은 있으세요?

Ⓑ 물론이예요. 그녀는 지금 마드리드에 있습니다.

Ⓐ 당신은 지금 그녀를 생각하시는가요?

Ⓑ 네, 그녀도 역시 나를 생각하고 있을 겁니다.

## WORDS & PHRASES 32

- casado : 결혼한
- soltero : 미혼의, 독신의
- entonces : 그때, 당시, 그렇다면, 그래서
- tiene : tener (가지다)의 3인칭 단수형
- su : 당신의
- novia : f. 애인
- ella : 그녀는

에스 우스떼드 까사도
## ¿Es usted casado?

에스 우스떼드 까사도
Ⓐ ¿Es usted casado?

노    쏘이  쏠떼로
Ⓑ No. Soy soltero.

엔똔세쓰    띠에네 우스떼드 쑤 노비아
Ⓐ Entonces ¿tiene usted su novia?

끌라로  께   씨  예야 에스따 엔 마드리드  아오라
Ⓑ Claro que sí. Ella está en Madrid ahora.

삐엔싸   우스떼드 엔 예야 아오라
Ⓐ ¿Piensa usted en ella ahora?

씨   딸  베쓰  예야 삐엔사  엔  미  땀비엔
Ⓑ Sí. Tal vez, ella piensa en mí también.


## WORDS & PHRASES 32

- piensa : pensar (생각하다)의 3인칭 단수형
- tal vez : 아마, 혹시
- mí : 전치격 인칭대명사. 나를

Ⓐ 무엇을 드시겠습니까?

Ⓑ 맥주 주세요.

Ⓐ 병으로, 아니면 잔으로 드시겠습니까?

Ⓑ 병으로 먹겠습니다.

Ⓐ 알겠습니다. 잠깐만 기다리세요, 손님.

Ⓑ 감자도 좀 주십시오.

Ⓐ 알겠습니다.

## WORDS & PHRASES ☜

- desea : desear (원하다)의 3인칭 단수형
- cerveza : f. 맥주
- botella : f. 병
- copa : f. 술잔
- momento : 순간, 때, 시기, 현재

엔  엘  살론
# En el salón(I)

올라        께    데쎄아  우스떼드
ⓐ Hola. ¿Qué desea usted?

쎄르베싸      뽀르 파보르
ⓑ Cerveza, por favor.

우나  보떼야    오  우나  꼬빠
ⓐ ¿Una botella o una copa?

우나    보떼야
ⓑ Una botella.

비엔    운    모멘또        쎄뇨르
ⓐ Bien, un momento, señor.

끼에로    운    뽀꼬  데    빠따따스 땀비엔
ⓑ Quiero un poco de patatas también.

부에노
ⓐ Bueno.

## WORDS & PHRASES ♫

- quiero : querer (좋아하다, 원하다)의 1인칭 단수형
- poco : 조금
- patata : f. 감자

47

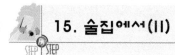

Ⓐ 너 한 잔 더 마시겠니?

Ⓑ 좋아, 그러지.

Ⓐ 뭘로 마실거니?

Ⓑ 진토닉

Ⓐ 좋아. 웨이터, 웨이터.

Ⓒ 네, 손님. 무엇을 원하십니까?

Ⓐ 진토닉 두 잔 주십시오.

# WORDS & PHRASES 32

- otra : 다른
- bebes : beber (마시다)의 2인칭 단수형
- tú : 너, 너는
- camarero : 웨이터

# En el salón(II)
엔 엘 살론

<sub>오뜨라 꼬빠 베베쓰 뚜</sub>
Ⓐ ¿Otra copa bebes tú?

<sub>부에노 씨</sub>
Ⓑ Bueno, Sí.

<sub>께 끼에레쓰</sub>
Ⓐ ¿Qué quieres?

<sub>진 또닉</sub>
Ⓑ Gin-tonic.

<sub>부에노 까마레로 까마레로 뽀르 파보르</sub>
Ⓐ Bueno. ¡Camarero, camarero, por favor!

<sub>씨 쎄뇨르 께 데쎄안 우스떼데쓰</sub>
Ⓒ Sí, señor. ¿Qué desean ustedes?

<sub>도쓰 꼬빠쓰 데 진또닉 뽀르 파보르</sub>
Ⓐ Dos copas de Gin-tonic, por favor.

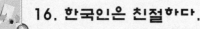

# 16. 한국인은 친절하다.

Ⓐ 당신은 스페인 사람입니까?

Ⓑ 아니요. 멕시코 사람이예요.

Ⓐ 한국엔 처음이시죠?

Ⓑ 네, 그래요. 선생님.

Ⓐ 한국이 맘에 드세요?

Ⓑ 네. 무척 맘에 듭니다.

왜냐하면 한국 사람들은 무척 친절하기 때문이예요.

- español : 스페인의. ⑲ 스페인 사람, 스페인어
- primera : primero의 여성 형태. 처음
- vez : f. 번

50

로스 꼬레아노쓰 쏜 아마블레쓰
# Los coreanos son amables.

에쓰 우스떼드 에스빠뇰
Ⓐ ¿Es usted español?

노 쏘이 멕시까노
Ⓑ No. Soy mexicano.

에쓰 라 쁘리메라 베쓰 께 에스따 우스떼드 엔
Ⓐ ¿Es la primera vez que está usted en

꼬레아
Corea?

씨 쎄뇨르
Ⓑ Sí, esñor.

레 구스따 꼬레아
Ⓐ ¿Le gusta Corea?

씨 무초
Ⓑ Sí, mucho.

뽀르께 로스 꼬레아노쓰 쏜 무이 아마블레쓰
Porque los coreanos son muy amables.

## WORDS & PHRASES ☜

- mucho : 많은, 매우
- porque : 왜냐하면
- amable : 친절한

51

Ⓐ 오늘은 무슨 요일입니까?

---

Ⓑ 오늘은 토요일입니다.

---

Ⓐ 그러면 내일이 일요일이겠지요.

---

Ⓑ 그래요, 선생님.

---

Ⓐ 당신은 내일 무엇을 할려고 합니까?

---

Ⓑ 그냥 집에 있을거예요.

---

## WORDS & PHRASES ㉜

• semana : f. 주
• hoy : 오늘
• sábado : m. 토요일
• mañana : 내일.   el mañana : 아침
• hará : hacer (하다, 만들다)의 3인칭 단수 미래형
• solamente : 다만, 오직, 겨우
• estaré : estar (있다)의 1인칭 단수 미래형

께 디아 데 라 쎄마나 에쓰 오이
## ¿Qué día de la semana es hoy?

Ⓐ 께 디아 데 라 쎄마나 에쓰 오이
¿Qué día de la semana es hoy?

Ⓑ 오이 에쓰 싸바도
Hoy es sábado.

Ⓐ 엔똔세쓰 마냐나 에쓰 도밍고
Entonces mañana es domingo.

Ⓑ 씨 쎄뇨르
Sí, señor.

Ⓐ 께 아라 우스떼드 마냐나
¿Qué hará usted mañana?

Ⓑ 쏠라멘떼 에스따레 엔 미 까사
Solamente estaré en mi casa.

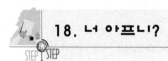

# 18. 너 아프니?

Ⓐ 너 괜찮니?

Ⓑ 그래. 왜?

Ⓐ 아파보여서 그래.

Ⓑ 아니야. 건강해.

단지 배가 몹시 고플 뿐이다.

Ⓐ 아침을 안 먹었니?

Ⓑ 그래. 그래서 지금 몹시 배가 고파.

## WORDS & PHRASES

- emfermo : 아픈
- sientes : sentir (느끼다)의 2인칭 단수형
- por qué : 왜, 이유(영어의 why)
- parece que : ~처럼 보이다
- tengo : tener (가지다)의 1인칭 단수형

에스따쓰 엔페르모
## ¿Estás enfermo?

떼 씨엔떼스 비엔
Ⓐ ¿Te sientes bien?

씨 뽀르 께
Ⓑ Sí, ¿por qué?

빠레쎄 께 에스따쓰 엔페르모
Ⓐ Parece que estás enfermo.

노 에스또이 비엔
Ⓑ No, estoy bien.

쏠라멘떼 뗑고 무차 암브레
Solamente tengo mucha hambre.

노 떼 데싸유나스
Ⓐ ¿No te desayunas?

노 뽀르 에쏘 뗑고 무차 암브레 아오라
Ⓑ No. por eso tengo mucha hambre ahora.

## WORDS & PHRASES

- hambre : f. 배고픔
- desayunarse : 아침식사를 하다
- por eso : 그래서

Ⓐ 내일은 수업이 없다.

Ⓑ 너 내일 무엇을 할거니?

Ⓐ 집에 있을거야.

Ⓑ 왜?

집에서 할 일이라도 있는거니?

Ⓐ 아니야. 다만 갈 곳이 없을 뿐이야.

Ⓑ 그러면,

우리 영화관에 가는 것이 어때?

WORDS & PHRASES ③②

• clase : f. 교실, 수업
• ir a hacer : ~ 을 하려고 하다
• tener que + 동사원형 : ~해야만 한다(영어의 have to,

56

마냐나 노 아이 끌라쎄쓰
# Mañana no hay clases.

마냐나 노 아이 끌라쎄쓰
Ⓐ Mañana no hay clases.

께 바쓰 아 아쎄르
Ⓑ ¿Qué vas a hacer?

보이 아 에스따르 엔 까사
Ⓐ Voy a estar en casa.

뽀르 께
Ⓑ ¿Por qué?

께 띠에네쓰 께 아쎄르 엔 까사
¿Qué tienes que hacer en casa?

노 쏠라멘떼 노 뗑고 아 돈데 이르
Ⓐ No. Solamente no tengo a dónde ir.

엔똔세쓰
Ⓑ Entonces,

께 떼 빠레쎄 께 바모쓰 알 씨네
¿qué te parece que vamos al cine?

WORDS & PHRASES ☙

  must)
• cine : m. 영화, 영화관
• descanso : m. 휴게, 휴식

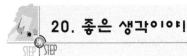

## 20. 좋은 생각이야

Ⓐ 인영아, 우리 공부하러 도서관에 가자.

Ⓑ 이렇게 화창한 날씨에

우리는 공부를 해야만 하다니 비극이다.

Ⓐ 나도 그렇게 생각해.

Ⓑ 그러면 우리 영화관에 가자.

Ⓐ 좋은 생각이야, 가자.

## WORDS & PHRASES

- idea : f. 생각, 의견, 견해
- biblioteca : f. 도서관
- estudiar : 공부하다(제1변화동사)

부에나 이데아
# ¡Buena idea!

좋은
생각

인영 바모스 아 라 비블리오떼까
Ⓐ Inyeong, vamos a la biblioteca

빠라 에스뚜디아르
para estudiar.

에쓰 뜨라헤디아 께 떼네모스 께 에스뚜디아르 엔
Ⓑ Es tragedia que tenemos que estudiar en

에스떼 디아 에스뚜뻬도
este día estupendo.

요 삐엔쏘 께 씨
Ⓐ Yo pienso que sí.

엔똔세쓰 바모쓰 알 씨네
Ⓑ Entonces vamos al cine.

부에나 이데아 바모쓰
Ⓐ Buena idea, vamos.

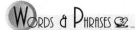 WORDS & PHRASES 🎵

- tragedia : f. 비극
- estupendo : 굉장한

Ⓐ 너 지금 편지 쓰고 있니?

--------

Ⓑ 그래. 내 여자 친구에게 편지를 쓰고 있어.

--------

Ⓐ 그녀는 어디에 있니?

--------

Ⓑ 한국에 있어.

한국 대학에서 공부하고 있거든.

--------

Ⓐ 무슨 공부를 하니?

--------

Ⓑ 물리학이야.

--------

# WORDS & PHRASES 32

• carta : f. 편지, 카드
• escribiendo : escribir (쓰다)의 현재분사형 제3변화동사
  직설법 현재는 ir를 떼고 다음과 같이 어미를 붙인다.

|      | 단수 | 복수 |
|------|------|------|
| 1인칭 | -o   | -emos |

## ¿Dónde está ella?
돈데　　에스따 예야

(A) ¿Estás escribiendo una carta?
에스따쓰 에스끄리비엔도 우나 까르따

(B) Sí, le escrido a mi amiga.
씨　레 에스끄리보 아 미 아미가

(A) ¿Dónde está ella?
돈데　　에스따 예야

(B) Ella está en Corea.
예야 에스따 엔　꼬레아

Ella estudia en la universidad de Corea.
예야 에스뚜디아 엔 라 우니베르시닫　데 꼬레아

(A) ¿Qué estudia?
께　에스뚜디아

(B) Física.
피씨까

## WORDS & PHRASES 32

| 2인칭 | -es | -éis |
|---|---|---|
| 3인칭 | -e | -en |

• Física : f. 물리학

61

## 22. 현관에 누가 있니?

Ⓐ 현관이 닫혀 있니?

Ⓑ 아니. 열려 있어.

Ⓐ 현관에 누가 있니?

Ⓑ Carmen 이 있어.

Ⓐ 무엇을 하고 있니?

Ⓑ 앉아 있어.

Ⓐ 혼자 있니?

Ⓑ 그래.

• puerta : f. 현관, 문
• cerrada : cerrar (닫다, 닫히다)의 과거분사형(p.p)
• abierta : abrir (열다)의 p.p형

끼엔   에스따 엔 라 뿌에르따
# ¿Quién está en la puerta?

Ⓐ
에스따 쎄라다  라 뿌에르따
**¿Está cerrada la puerta?**

Ⓑ
노   에스따 아비에르따
**No. Está abierta.**

Ⓐ
끼엔   에스따 엔 라 뿌에르따
**¿Quién está en la puerta?**

Ⓑ
까르멘   에스따
**Carmen está.**

Ⓐ
께   에스따 아씨엔도
**¿Qué está haciendo?**

Ⓑ
에야 에스따 쎈따다
**Ella está sentada.**

Ⓐ
에스따 쏠로
**¿Está sólo?**

Ⓑ
씨
**Sí.**

## WORDS & PHRASES ♫

- haciendo : hacer (하다, 만들다)의 현재분사형
- sentada : sentar (앉히다)의 p.p형
- sólo : 혼자, 오직, 단지

63

## 23. 나는 졸립다.

Ⓐ 지금 나는 무척 졸려워.

Ⓑ 몇 시에 일어났는 데 그래?

Ⓐ 새벽 5시에 일어났어.

Ⓑ 매일 그 시간에 일어나니?

Ⓐ 아니야, 오늘만.

# WORDS & PHRASES 🎵

- sueño : m. 꿈, 잠 • todos los días : 매일
- levantarse : 일어나다의 2인칭 단수형 → te levantes
  1인칭 단수형 → me levanto
- Me levanté는 levantarse (일어나다)의 1인칭 단수 부정과
  거형
- cinco : 다섯. a las cinco : 5시에. 몇 시에 라는 표현에는
  전치사 a를 쓴다.
- madrugada : f. 새벽, 여명 • tiempo : m. 시간

64

땡고    수에뇨
# Tengo sueño

아오라  땡고  무쵸    수에뇨
Ⓐ Ahora tengo mucho sueño.

아 께  오라  떼 레반떼스
Ⓑ ¿A qué hora te levantes?

메   레반떼  아 라스 씬꼬  데 라 마드루가다
Ⓐ Me levanté a las cinco de la madrugada.

떼  레반따스  아 아께ㄹ 띠엠뽀   또도스
Ⓑ ¿Te levantas a aquel tiempo todos

로스 디아쓰
los días?

노   쏠라멘떼   오이
Ⓐ No. Solamente hoy.

---

**대접**

▶ 많이 드세요, 아가씨.
부엔 쁘로베쵸 쎄뇨리따
¡Buen provecho, señorita!

▶ 감사합니다. 당신두요.
그라씨아쓰 우스떼ㄷ 땀비엔
Gracias, usted también.

▶ 저는 사과를 무척 좋아하지요.
메 구스따 무쵸 라쓰 만싸나쓰
Me gusta mucho las manzanas.

65

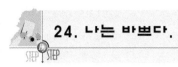

## 24. 나는 바쁘다.

STEP STEP

Ⓐ 까르멘. 너를 식사에 초대하고 싶어.

Ⓑ 언제?

Ⓐ 정오에.

Ⓑ 정오에는 내가 무척 바빠.

Ⓐ 그럼 오후 7시엔 어떠니?

Ⓑ 좋아.

## WORDS & PHRASES 🎵

- estar ocupado : 바쁘다
- invitar : 초대하다
- comer : 먹다, 식사하다(제2변화동사)
- cuándo : 언제(영어의 when)
- medio : 중간
- el medio día : 정오
- siete : 7
- tarde : f. 오후

에스또이 오꾸빠다
# Estoy ocupada

까르멘 떼 끼에로 인비따르 아 꼬메르
Ⓐ Carmen, te quiero invitar a comer.

엔 꽈느도
Ⓑ ¿En cuándo?

알 메디오 디아
Ⓐ Al medio día.

에스또이 무이 오꾸빠다 알 메디오 디아
Ⓑ Estoy muy ocupada al medio día.

엔똔세스 아 라스 씨에떼 데 라 따르데
Ⓐ Entonces, ¿a las siete de la tarde?

데 아꾸에르도
Ⓑ De acuerdo.

---

**대접**

▶저는 포도를 좋아합니다.
메 구스따 무쵸 라쓰 우바쓰
Me gusta mucho las uvas.

▶부인, 이 생선 굉장히 맛있는데요.
세뇨라 에스떼 뻬스까도 에쓰 무이 델리씨오쏘
Señora, este pescado es muy delicioso.

▶아! 그래요.
오 부에노
¡Oh, bueno!

67

Ⓐ 여기서 잠실까지 시간이

얼마나 걸립니까?

Ⓑ 택시로 한 시간 걸립니다.

Ⓐ 그러면 버스로는요?

Ⓑ 아마 한 시간 반정도 걸릴겁니다.

Ⓐ 잠실은 여기서 멀군요.

Ⓑ 네, 그래요. 선생님.

## WORDS & PHRASES 32

- se tarda : tardarse (걸리다)의 3인칭 단수형
- en taxi : 택시로
  en avión : 비행기로
  en autobús : 버스로
- de aquí : 여기로부터

파느또  띠엠뽀  쎄  따르다
# ¿Cuánto tiempo se tarda?

파느또  띠엠뽀  쎄  따르다  데  아끼
Ⓐ ¿Cuánto tiempo se tarda de aquí

아  잠실
a Chamshil?

쎄  따르다  우나  오라  엔  딱씨
Ⓑ Se tarda una hora en taxi.

엔똔쎄쓰  엔  아우또부쓰
Ⓐ Entonces, ¿en autobús?

딸  베쓰  우나  오라  이  메디아  쎄  따르다라
Ⓑ Tal vez, una hora y media se tardara.

잠실  에스따  무이  레호스  데  아끼
Ⓐ Chamshil está muy lejos de aquí.

씨  쎄뇨르
Ⓑ Sí, señor.

Ⓐ 대한민국은 반도입니다. 맞지요?

Ⓑ 네, 그래요. 면적은 9.8만 제곱미터입니다.

Ⓐ 그러면 한국의 수도는 어디입니까?

Ⓑ 서울입니다.

Ⓐ 대도시인가요?

Ⓑ 물론입니다.

# WORDS & PHRASES

• sobre : ~ 위에, ~ 에 관하여
• república : f. 공화국
• península : f. 반도

꼐 에쓰 라 까삐딸 데 꼬레아
## ¿qué es la capital de Corea?

라 레뿌블리까 데 꼬레아 에쓰 우나 뻬닌술라
Ⓐ La República de Corea es una península,

베르닫
¿verdad?

씨 라 아레아 에쓰 데 노벤따이오초밀낄로메뜨로쓰
Ⓑ Sí. La área es de 98000 kilometros

꾸아드라도쓰
cuadrados.

엔똔세쓰 꼐 에쓰 라 까삐딸 데 꼬레아
Ⓐ Entonces, ¿qué es la capital de Corea?

세울
Ⓑ Seúl.

에쓰 그란 씨우닫
Ⓐ ¿Es gran ciudad?

끌라로 꼐 씨
Ⓑ Claro que sí.

# WORDS & PHRASES ♋

• verdad : 사실, 진실, 진리
• área : f. 지역 면, 면적
• capital : 수도          • cuadrado : 제곱한, 네모진

71

## 27. 한국은 어디에 있습니까?

Ⓐ 한국은 어디에 있습니까?

Ⓑ 아시아의 극동에 있습니다.

Ⓐ 한국에는 아름다운 계곡과 조그마한 산들이

많이 있다고들 합니다. 사실입니까?

Ⓑ 네, 그래요. 그 때문에 사람들은 한국을

"아시아의 스위스"라고들 합니다.

## WORDS & PHRASES ㉜

- extremo : 끝의, 마지막의
- este : m. 동쪽
- lleno de : ~로 가득찬
- hermoso : 아름다운
- valle : m. 계곡, 골짜기
- pequeño : 조그마한, 작은
- montaña : f. 산, 산지, 산악
- ahí : 거기에, 거기서

72

## 돈데     에스따   꼬레아
# Dónde está Corea.

Ⓐ
돈데     에스따   꼬레아
**Dónde está Corea.**

Ⓑ
에스따 엔 엘 엑쓰뜨레모 에스떼 데 아시아
**Está en el extremo este de Asia.**

Ⓐ
쎄 디쎄 께    꼬레아 에스따 예노   데 에르모사쓰
**Se dice que Corea está lleno de hermosas**

바예쓰 이 뻬께뇨쓰    몬따뇨쓰     베르닫
**valles y pequeños montañas, ¿verdad?**

Ⓑ
끌라로   데   아이 쎄 디쎄 께    꼬레아   에쓰
**Claro. De ahí, se dice que Corea es**

라   수이싸 데   아시아
**"La Suiza de Asia"**

73

Ⓐ 저, 롯데 백화점이 어디에 있습니까?

Ⓑ 잘 기억나지는 않습니다만

저쪽인 것 같습니다.

그 근처에서 누구에게 다시 한번

물어 보십시오.

Ⓐ 네, 대단히 감사합니다.

# WORDS & PHRASES 🎵

• pregunte : preguntar (물어보다)의 존칭명령형
• almacén : m. 창고, 백화점, 가게, 상점
• me acuerdo : acordarse (생각해 내다)의 1인칭 단수형
• alguien : 누가, 누군지
• otra : otro (다른)의 여성형

쁘레군떼 우스떼드 아 알기엔
# Pregunte usted a alguien.

보르 파보르 돈데 에스따 엘 알마쎈 로떼
Ⓐ Por favor, ¿dónde está el Almacén Lote?

노 메 아꾸에르도 무이 비엔
Ⓑ No me acuerdo muy bien.

뻬로 메 빠레쎄 께 에쓰 아이
Pero me parece que es ahí.

쁘레군떼 우스떼드 아 알기엔 보르 아이
Pregunte usted a alguien por ahí,

오뜨라 베쓰
otra vez.

부에노 무차쓰 그라씨아쓰
Ⓐ Bueno. Muchas gracias.

▶그 시계 어디 제품입니까?
데 돈데 에쓰 엘 렐로흐
¿De dónde es el reloj?

▶이 시계요? 한국제입니다.
에스떼 렐로흐 에쓰 데 꼬레아
¿Este reloj? Es de Corea.

▶참 예쁘군요.
께 보니또
¡Qué bonito!

75

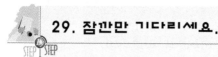

## 29. 잠깐만 기다리세요.

Ⓐ 오늘 가십니까?

Ⓑ 네, 부산까지 여행을 갑니다.

Ⓐ 좋습니다. 거기까지 무엇을 타고 가실 겁니까?

Ⓑ 비행기로 갈 겁니다.

Ⓐ 잠깐만 기다리세요.

저도 당신과 그곳(부산)에 가고 싶습니다.

Ⓑ 좋아요.

WORDS & PHRASES

- espere : esperar (기다리다)의 존칭 명령형
- viaje : m. 여행. hacer un viaje : 여행하다
- con : ~을 가지고, 함께, 같이(영어의 with)
- querer + 동사원형 : ~ 하고 싶다

에쓰뻬레 운 모멘또
# Espere un momento.

(A) 오이 쎄 바
¿Hoy se va?

(B) 씨 보이 아 아쎄르 운 비아헤 아 부산
Sí, voy a hacer un viaje a Busan.

(A) 부에노 엔 께 비아하 우스떼드 아이
Bueno. ¿En qué viaja usted ahí?

(B) 엔 아비온
En avión.

(A) 에스뻬레 운 모멘또
Espere un momento.

끼에로 이르 아 부산 꼰 우스떼드
Quiero ir a Busan con usted.

(B) 부에노
Bueno.

77

## 30. 농담꾼 같으니라구!

Ⓐ 안녕, 까르멘! 너 여기서 무엇하고 있니?

Ⓑ 너도 보다시피 예쁜 소녀를 바라보고 있지.

Ⓐ 누구?

Ⓑ 바로 너 말야.

Ⓐ 농담꾼 같으니라구!

## WORDS & PHRASES ♋

- Ves : ver (보다)의 2인칭 단수형
- mirando : mirar (보다)의 현재분사형
- chica : f. 소녀
- guapa : guapo (예쁜, 멋있는)의 여성형
- bromista : 농담을 좋아하는, m. 농담꾼

바야 브로미스따
# ¡Vaya bromista!

올라 까르멘 께 아세쓰 아끼
Ⓐ ¡Hola, Carmen! ¿Qué haces aquí?

베스 뚜 에스또이 미란도 아 우나 찌까 구아빠
Ⓑ Ves tú, estoy mirando a una chica guapa.

아 끼엔
Ⓐ ¿A quién?

아 띠 미스모
Ⓑ A tí mismo.

바야 브로미스따
Ⓐ ¡Vaya bromista!

---

**쇼핑**

▶잘 가나요?
안다 비엔
¿Anda bien?

▶물론입니다.
뽀르 수뿌에쓰또
Por supuesto.

▶저도 그런 시계를 갖고 싶군요.
끼에로 아베르 엘 렐로흐 꼬모 에쎄 땀비엔
Quiero haber el reloj como ése también.

79

## 31. 텔레비전

Ⓐ 까르멘, 너 텔레비전 좋아하니?

Ⓑ 그럼. 싫어하는 사람이 어디 있겠니?

Ⓐ 난 싫어.

Ⓑ 왜?

Ⓐ 텔레비전은 나를 바보로 만들거든.

Ⓑ 난 그렇지 않다고 생각해.

  텔레비전은 나에게 중요한 것이거든.

## Words & Phrases 32

- atonta : atontar (바보로 만들다)의 3인칭 단수형
- importa : importar (중요하다)의 3인칭 단수형

라  뗄레비씨온
# La televisión

까르멘      떼 구스따 라 뗄레비씨온
Ⓐ Carmen, ¿te gusta la televisión?

씨  이 아 끼엔    노
Ⓑ Sí, y ¿a quién no?

노   메   구스따
Ⓐ No me gusta.

뽀르께
Ⓑ ¿Porqué?

뽀르께   라 뗄레비씨온   메   아똔따
Ⓐ Porque la televisión me atonta.

요   삐엔쏘   께   노
Ⓑ Yo pienso que no.

메    임뽀르따   라 뗄레비씨온
Me importa la televisión.

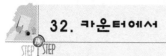

## 32. 카운터에서

STEP STEP

Ⓐ 지금 지불하시고 싶으세요?

Ⓑ 네

Ⓐ 수표로 지불하시겠어요?

   아니면 현금으로 지불하시겠어요.

Ⓑ 현금으로요. 달러로 하겠습니다.

Ⓐ 좋아요. 모두 200달러입니다. 선생님.

Ⓑ 여기 있습니다.

# WORDS & PHRASES ㉜

- recepción : f. 받음, 접수, 접대, 환영회
- pagar : 지불하다
- cheque : 수표

엔 라 레셉씨온
# En la recepción

끼에레 빠가르 아오라
Ⓐ ¿Quiere pagar ahora?

씨
Ⓑ Sí.

꼬모 끼에레 빠가르
Ⓐ ¿Cómo quiere pagar,

엔 쩨께 오 엔 에훽띠보
en cheque o en efectivo?

엔 에훽비도 엔 돌라레쓰
Ⓑ En efectivo, en dólares.

비엔 엔 또딸 도쓰시에또쓰 돌라레쓰 쎄뇨르
Ⓐ Bien. En total, 200 dólares, señor.

아끼 로쓰 띠에네
Ⓑ Aquí los tiene.

## WORDS & PHRASES ♫

- efectivo : m. 현금
- dólar : m. 달러
- total : m. 총계, 합계

Ⓐ 무슨 일이니?

Ⓑ 머리가 아파.

Ⓐ 그러면, 병원에 가야만 하잖아.

Ⓑ 아니야. 조그마한 통증이 있을 뿐인데 뭐.

Ⓐ 하지만 넌 병원에 가야만 해.

  왜냐하면 조그마한 병이 큰 병을

  불러들일 수도 있으니까.

WORDS & PHRASES

• dolor : m. 고통, 아픔
• cabeza : f. 머리, 두뇌, 재능
• hospital : m. 병원

떼고　돌로르　데　까베싸
# Tengo dolor de cabeza.

께　띠에네쓰　뚜
Ⓐ ¿Qué tienes tu?

떼고　돌로르　데　까베싸
Ⓑ Tengo dolor de cabeza.

엔똔쎄쓰　띠에네쓰　께 이르 알 오스삐딸
Ⓐ Entonces, tienes que ir al hospital.

노　쏠라멘떼　운　뽀꼬　돌로르
Ⓑ No. Solamente un poco dolor.

뻬로　띠에네쓰 께　이르 알 오스삐딸
Ⓐ Pero tienes que ir al hospital,

뽀르께　뻬께뇨　엔웨르메닫　뿌에데
porque pequeño enfermedad puede

아뜨라에르 엔웨르메닫　그란데
atraer enfermedad grande.

## WORDS & PHRASES 32

- enfermeda : f. 질병, 질환
- puede : poder (~할 수 있다. 영어의 can)의 3인칭 단수형
- atraer : 끌어들이다

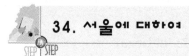
Ⓐ 서울에는 많은 인구가 살고 있다.

Ⓑ 너의 말이 맞아.

　서울은 한국의 수도거든. 그래서

　서울은 한국에서 가장 중요한 도시지.

Ⓐ 그래. 그래서

　서울은 많은 문제를 안고 있지.

Ⓑ 그래 맞아!

* viven : vivir (살다)의 3인칭 복수형
* población : f. 식민, 인구
* razón : f. 까닭, 이성. tener razón : 옳다
* importante : 중요한
* problema : m. 문제

## 쏘브레  세울
# Sobre Seúl

Ⓐ 엔  세울  비벤  무차  보블라씨온
En Seúl viven mucha población.

Ⓑ 띠에네쓰 라쏜
Tienes razón.

세울 에쓰 라 까삐딸  데 꼬레아  뽀르 에쏘
Seúl es la capital de Corea, por eso,

세울 에쓰 라 마쓰 임뽀르딴떼  씨우닫 엔 꼬레아
Seúl es la más importante ciudad en Corea.

Ⓐ 부에노  뽀르 에쏘
Bueno. Por eso,

세울  띠에네 무초쓰  쁘로블레마쓰
Seúl tiene muchos problemas.

Ⓑ 끌라로
¡Claro!

---

### 자기 소개

▶ 제 소개를 할까요?

메 쁘레센또
¿Me presento?

▶ 나의 이름은 김동수입니다.

메 야모 김 동 수
Me llamo Kim Dong Su.

---

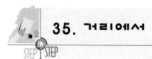
Ⓐ 이태원로가 어디입니까?

Ⓑ 자 보세요. 저기 교회가 보이지요.

거기서부터가 이태원로입니다.

Ⓐ 대단히 감사합니다.

Ⓑ 천만에요.

Ⓐ 안녕히 가세요. 선생님.

Ⓑ 안녕히 가십시오.

# WORDS & PHRASES ♬

- calle : f. 거리, …로
- mire : mirar (보다)의 존칭 명령형
- iglesia : f. 교회
- allá : 거기, 저곳에, 옛날에

## 엔 라 까예
# En la calle

A
보르 파보르 라 까예 이태원
**Por favor. ¿La calle Itaewon?**

B
부에노 미레 베 우스떼드 아께야 이글레씨아
**Bueno. Mire ¿Ve usted aquella iglesia?**

데 아야 엠삐에싸 라 까예 이태원
De allá empieza La calle Itaewon.

A
무차쓰 그라씨아쓰
**Muchas gracias.**

B
데 나다
**De nada.**

A
아디오쓰 쎄뇨르
**Adios, señor.**

B
아디오쓰
**Adios.**

---

### 자기 소개

▶ 저는 김기수라고 합니다.

소이 김 기 수
Soy Kim gui su.

▶ 그냥 기수라고 불러주세요.

야메메 기 수
Llámeme Gui su.

Ⓐ 당신은 한국어를 할 줄 아십니까?

Ⓑ 네. 그렇지만 조금밖에 못합니다.

Ⓐ 잘 하시는데요.

Ⓑ 감사합니다. 그러나 아직 서툴러요.

한국말은 매우 어렵습니다.

Ⓐ 아니오. 어렵지 않아요. 매우 쉬워요.

# WORDS & PHRASES ㉜

• hablar : 말하다

|       | 단수    | 복수      |
|-------|---------|-----------|
| 1인칭 | hablo   | hablamos  |
| 2인칭 | hablas  | habláis   |
| 3인칭 | habla   | hablan    |

• todavía : 아직
• mal : 나쁜, 서툰. m. 악, 해로움
• difícil : 어려운      • fácil : 쉬운

아블라　우스떼드　엘　꼬레아노
# ¿Habla usted el coreano?

아블라 우스떼드 엘 꼬레아노
Ⓐ ¿Habla usted el coreano?

씨 뻬로 무이 뽀꼬
Ⓑ Sí, pero muy poco.

우스떼드 아블라 무이 비엔
Ⓐ Usted habla muy bien.

무차쓰 그라씨아쓰 뻬로 또다비아 아블로 말
Ⓑ Muchas gracias, pero todavía hablo mal.

엘 꼬레아노 에쓰 무이 디휘씰
El coreano es muy difícil.

노 노 에쓰 디휘씰 에쓰 무이 화씰
Ⓐ No. no es difícil. Es muy fácil.

---

### 자기 소개

▶앞으로 저를 인수라고 불러 주십시오.

야메메 인 수 엔 아델란떼
Llámeme In Su en adelante.

▶저는 한국에서 왔습니다.

소이 데 꼬레아
Soy de Corea.

▶잘 부탁합니다.

아 수스 오르덴네스
A sus órdenes.

## 37. 어디서 나를 기다릴거야?

STEP STEP

Ⓐ 너, 커피숍에서 나를 기다리겠니?

Ⓑ 그래. 무슨 커피숍에서?

Ⓐ 큐피드에서.

Ⓑ 좋아. 안또니오도 거기서 우리를 기다리니?

Ⓐ 그래. 그럼 2시에 보자.

Ⓑ 그래. 나중에 보자.

# WORDS & PHRASES

- esperas : esperar (기다리다)의 2인칭 단수형
- cafetería : f. coffee shop
- hasta : ~ 까지

# ¿Dónde me esperas?
돈데 메 에스뻬라쓰

A ¿Me esperas en la cafetería?
메 에스뻬라쓰 엔 라 까풰떼리아

B Sí. ¿Qué cafetería?
씨 께 까풰떼리아

A Se llama "Cupid." En "Cupid."
쎄 야마 꾸삐드 엔 꾸삐드

B Bueno. ¿Nos espera Antonio, ahi?
부에노 노쓰 에스뻬라 안또니오 아이

A Sí. Entonces hasta las dos.
씨 엔똔세쓰 아스따 라쓰 도쓰

B Bueno. Hasta la vista.
부에노 아스따 라 비스따

---

## 소개

▶제 여동생과 인사나 하시죠.
깜비에 살루도스 꼰 미 에르마노
Cambie saludos con mí hermano.

▶제 부인과 인사하시죠.
깜비에 살루도스 꼰 미 무헤르
Cambie saludos con mi mujer.

▶처음 뵙겠습니다, 부인
무초 구스또 세뇨라
Mucho gusto, señora.

93

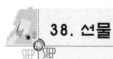

## 38. 선물

Ⓐ 나는 선물을 사고 싶다.

Ⓑ 누구에게 줄려고?

Ⓐ 우리 엄마한테.

　내일이 엄마 생일이시거든.

Ⓑ 너희 엄마는 무엇을 좋아하시는데?

Ⓐ 가죽 지갑을 좋아하셔.

Ⓑ 그러니.

　저 구석에 지갑들이 있지.

WORDS & PHRASES 32

- regalo : m. 선물
- piel : m. 가죽
- comprar : 사다
- cumpleaños : 생일

94

# El regalo
엘 레갈로

---

(A) 끼에로 꼼쁘라르 운 레갈로
**Quiero comprar un regalo.**

---

(B) 빠라 끼엔
**¿Para quién?**

---

(A) 빠라 미 마마
**Para mi mamá.**

마냐나 에쓰 쑤 꿈블레아뇨쓰
**Mañana es su cumpleaños.**

---

(B) 께 쁘레피에레 뚜 마마
**¿Qué prefiere tu mamá?**

---

(A) 예야 쁘레피에레 우나 볼싸 데 삐엘
**Ella prefiere una bolsa de piel.**

---

(B) 부에노
**Bueno.**

---

엔 아께야 에스끼나 에스딴 라쓰 볼싸쓰
**En aquella esquina están las bolsas.**

---

## WORDS & PHRASES

- esquina : f. 모퉁이, 구석
- quién : 누구 (영어의 who)
- mamá : 엄마, 어머니 : madre
- tu : tú(너)의 소유격
- bolsa : f. 지갑, 가방

# 39. 여권을 보여 주세요.

STEP STEP

Ⓐ 여권을 보여 주세요.

Ⓑ 좋아요. 여기 있습니다.

Ⓐ 감사합니다. 콜롬비아인이십니까?

Ⓑ 네, 그래요. 선생님.

Ⓐ 좋아요. 나가십시오.

Ⓑ 감사합니다.

## WORDS & PHRASES ③②

- véase : verse (보이다)의 존칭 명령형
- pasaporte : m. 여권, 통행증
- colombiano : 콜롬비아의. ⑲ 콜롬비아인, 콜롬비아어
- pase : pasar (지나가다)의 존칭 명령형

96

베아쎄 우스떼드 엘 빠싸뽀르떼
# Véase usted el pasaporte.

베아쎄 우스떼드 엘 빠싸뽀르떼
Ⓐ Véase usted el pasaporte.

부에노 아끼
Ⓑ Bueno. Aquí...

그라씨아쓰 꼴롬비아노
Ⓐ Gracias. ¿Colombiano?

씨 쎄뇨르
Ⓑ Sí, señor.

비엔 빠쎄 뽀르 파보르
Ⓐ Bien. Pase, por favor.

그라씨아쓰
Ⓑ Gracias.

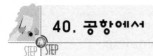

## 40. 공항에서

STEP STEP

Ⓐ 출구가 어느 쪽입니까?

Ⓑ 저쪽입니다.

Ⓐ 감사합니다.

Ⓑ 아닙니다. 이쪽이 아니고

저쪽입니다.

Ⓐ 아, 그렇군요! 감사합니다.

WORDS & PHRASES 32

- aeropuerto : m. 공항
- salida : f. 외출, 출발, 출구

엔  엘  아에로뿌에르또
# En el aeropuerto

라  살리다  뽀르  파보르
Ⓐ ¿La salida? Por favor.

뽀르  아이
Ⓑ Por ahí.

그라씨아쓰
Ⓐ Gracias.

노  노  뽀르  아끼  노
Ⓑ ¡No, no, por aquí no!

뽀르  아이  뽀르  파보르
Por ahí, por favor.

아  부에노  그라씨아쓰
Ⓐ ¡Ah, bueno! Gracias.

---

▶그는 우리집 옆집에 사십니다.
엘 비베 알 라도 데 미 까사
El vive al lado de mi casa.

▶나는 한 집 건너 옆집에 사십니다.
엘 비베 엔 라 세군다 까사 데 엔프렌떼
El vive en la segunda casa de enfrente.

▶우리는 절친한 친구사이입니다.
소모스 아미고스 무이 인띠모스
Somos amigos muy íntimos.

STEP STEP

Ⓐ 당신은 몇 살입니까?

Ⓑ 32살입니다. 그런데 당신은 몇 살이지요?

Ⓐ 저는 22살입니다.

  그러면 당신은 저 소녀가 몇 살쯤

  되었다고 보세요?

Ⓑ 아마 5살 정도 될 것 같은데요.

Ⓐ 소녀가 매우 예쁘죠.

Ⓑ 그래요.

## WORDS & PHRASES ③

• cuánto : 얼마만큼의, 얼마나, 몇 개의
• año : m. 해, 년
• pone : poner (놓다)의 3인칭 단수형

파ㄴ또쓰 아뇨쓰 띠에네 우스떼드
# ¿Cuántos años tiene usted?

파ㄴ또쓰 아뇨쓰 띠에네 우스떼드
(A) ¿Cuántos años tiene usted?

뗑고 뜨레인따도쓰 아뇨쓰 이 우스떼드
(B) Tengo 32 años. Y ¿usted?

요 베인띠도쓰아뇨쓰
(A) Yo... 22 años.

엔똔세쓰 파ㄴ또쓰 아뇨쓰 레 뽀네 우스떼드
Entonces, ¿cuántos años le pone usted

아 아께야 무차차
a aquella muchacha?

딸 베쓰 뗀드리아 씬꼬 아뇨쓰
(B) Tal vez, tendría 5 años.

예야 에쓰 무이 보니따
(A) Ella es muy bonita.

부에노
(B) Bueno.

# WORDS & PHRASES ②

- muchacha : f. 소녀   • ella : 그녀(영어의 she)
- tendría : tener (갖다)의 가능법 3인칭 단수형
- bonita : bonito (예쁜)의 여성형

Ⓐ 오늘 날씨가 어떻습니까?

Ⓑ 날씨가 좋지 않아요.

Ⓐ 해는 떴나요?

Ⓑ 그래요. 하지만 바람이 많이 부는군요.

Ⓐ 그러면 축구게임하는 데는

   그렇게 좋지는 않겠군요?

Ⓑ 네. 그래요. 선생님.

Words & Phrases ♫

- sol : m. 태양
- viento : m. 바람
  hacer sol : 해가 떠있다
  hacer viento : 바람이 불다
- conveniente : 편리한, 안성마춤의, 어울리는

께 띠엠뽀 아쎄 오이
# ¿Qué tiempo hace hoy?

께 띠엠뽀 아쎄 오이
Ⓐ ¿Qué tiempo hace hoy?

아쎄 말 띠엠뽀
Ⓑ Hace mal tiempo.

아쎄 쏠 아오라
Ⓐ ¿Hace sol ahora?

씨 뻬로 아쎄 무초 비엔또
Ⓑ Sí. Pero hace mucho viento.

엔똔세쓰 노 에쓰 딴 꼰베니엔떼 빠라
Ⓐ Entonces, ¿no es tan conveniente para

후가르 엘 빠르띠도 데 후ㅌ볼
jugar el partido de fútbol?

씨 쎄뇨르
Ⓑ Sí, señor.

103

## 43. 그 분은 누구십니까?

STEP STEP

Ⓐ 그 분은 누구십니까?

Ⓑ 우리 교수님이십니다.

Ⓐ 무엇을 가르치는데요?

Ⓑ 한국사를 가르치지요.

Ⓐ 그래요. 한국사는 재미있습니까?

Ⓑ 물론이에요. 가장 재미있는 수업이지요.

# WORDS & PHRASES 32

- él : 그(영어의 he)
- profesor : m. 교수
- enseña : enseñar (가르치다)의 3인칭 단수
- historia : f. 역사
- interesante : 재미있는

## 끼엔 에쓰 엘
# ¿Quién es él?

Ⓐ 끼엔 에쓰 엘
¿Quién es él?

Ⓑ 에쓰 미 쁘로훼쏘르
Es mi profesor.

Ⓐ 께 엔쎄냐
¿Qué enseña?

Ⓑ 엘 엔쎄냐 라 이스또리아 꼬레아나
El enseña la historia coreana.

Ⓐ 부에노 에쓰 인떼레싼떼
Bueno. ¿Es interesante?

Ⓑ 끌라로 께 씨 라 끌라쎄 마쓰 인떼레싼떼
Claro que sí. La clase más interesante.

---

**감사표현**

▶ 편지 감사합니다.

그라시아스 뽀르 수 까르따
Gracias por su carta.

▶ 귀하의 편지 잘 받았습니다.

에 레시비도 수 까르따 씬 쁘로블레마스
He recibido su carta sin problemas.

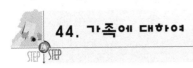

## 44. 가족에 대하여

Ⓐ 너, 형제가 몇이지?

Ⓑ 5형제입니다.

　남자 둘, 여자 셋이지요.

　당신은요?

Ⓐ 여동생이 하나 있을 뿐이야.

Ⓑ 몇 살인데요?

Ⓐ 10살 먹었지.

## WORDS & PHRASES

- familia : f. 가족
- hermano : m. 형제
- hermana : f. 누이, 자매
- menor : pequeño의 비교급, 보다 작은, 보다 어린
- diez : 10

## De la familia

가족

파느또쓰 쏜 뚜쓰 에르마노쓰
Ⓐ ¿Cuántos son tus hermanos?

땡고 씽꼬 에르마노쓰
Ⓑ Tengo cinco hermanos,

도쓰 에르마노쓰 이 뜨레쓰 에르마나쓰
dos hermanos y tres hermanas.

이 우스떼드
¿Y usted?

땡고 쏠라멘떼 우나 에르마나 메노르
Ⓐ Tengo solamente una hermana menor.

파느또스 아뇨쓰 띠에네 에야
Ⓑ ¿Cuántos años tiene ella?

디에쓰 아뇨쓰
Ⓐ Diez años.

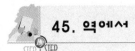

Ⓐ 몇 시 기차입니까?

Ⓑ 3시 기차입니다.

Ⓐ 30분 남았군요.

어디까지 가십니까?

Ⓑ 대구까지 갑니다.

Ⓐ 그래요.

대구는 매우 멋진 도시입니까?

Ⓑ 네.

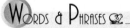

## WORDS & PHRASES 32

- estación : f. 역
- tren : m. 기차
- minuto : m. 분. ❸ 작은, 세밀한

## 엔 라 에스따씨온
# En la estación

ⓐ 빠라 파느도 에쓰 엘 뜨렌
¿Para cuándo es el tren?

ⓑ 빠라 라스 뜨레쓰
Para las tres.

ⓐ 께다 뜨레인따 미누또쓰
Queda treinta minutos.

아 돈데 바 우스떼드
¿A dónde va usted?

ⓑ 아 대구
A Daegu.

ⓐ 부에노
Bueno.

대구 에쓰 우나 씨우닫 무이 구아빠
¿Daegu es una cindad muy guapa?

ⓑ 끌라로
Claro.

# WORDS & PHRASES 32

• treinta : 30

109

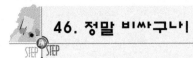

Ⓐ 이것 얼마입니까?

Ⓑ 6천원입니다 부인. 싸지요.

Ⓐ 와, 비싸군요.

Ⓑ 아니요, 아닙니다 부인. 매우 싼 거예요.

Ⓐ 하지만 나에게 너무 비싸군요.

좀 더 싼 것은 없습니까?

Ⓑ 있습니다. 왜 없겠어요.

## WORDS & PHRASES

- caro : 비싼
- éste : 이것(지시대명사)
- seis : 6
- mil : 천
- barato : 싼
- cómo : 어떻게

**110**

께 까로
## !Qué caro!

파노또　에쓰　에스떼
Ⓐ ¿Cuánto es éste?

쎄이쓰 밀 워네쓰　쎄뇨라　에쓰 바라또
Ⓑ Seis mil wones, señora. Es barato.

께　까로
Ⓐ ¡Qué caro!

노　노　쎄뇨라　에쓰　무이　바라또
Ⓑ No, no, señora. Es muy barato.

뻬로　빠라　미　에쓰　데마씨아도　　까로
Ⓐ Pero para mí es demaciado caro.

노　아이　알구노　마쓰　바라또
¿No hay alguno más barato?

씨　꼬모　노
Ⓑ Sí. ¡Cómo no!

---

### 초대에 감사

▶저녁식사에 초대해 주셔서 감사합니다.
그라시아스 뽀르 임비따르메 아 세나르
Gracias por invitarme a cenar.

▶결혼식에 초대해 주셔서 감사합니다.
그라시아스 뽀르 임비따르메 아 라 보다
Gracias por invitarme a la boda.

---

**111**

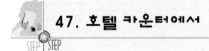

## 47. 호텔 카운터에서

Ⓐ 당신은 몇 호실 방에 있습니까?

Ⓑ 106 호실 방입니다.

Ⓐ 당신의 트렁크는 어디에 있습니까?

Ⓑ 저기요.

Ⓐ 어디 말입니까?

Ⓑ 엘리베이터에 있습니다.

# WORDS & PHRASES ♬32

- hotel : m. 호텔
- habitación : f. 방
- número : number
- ciento : 100
- maleta : f. 여행용 가방, 트렁크
- ascensor : m. 승강기, 엘리베이터

엔 라 레쎄브씨온 델 오뗄
# En la recepción del hotel

엔 께 아비따씨온 에스따 우스떼드
Ⓐ ¿En qué habitación está usted?

엔 라 아비따씨온 누메로 씨엔또 쎄이쓰
Ⓑ En la habitción número ciento seis.

돈데 에스따 쑤 말레따
Ⓐ ¿Dónde está su maleta?

에스따 아이
Ⓑ Está ahí.

돈데
Ⓐ ¿Dónde?

에스따 엔 엘 아스쎈쏘르
Ⓑ Está en el ascensor.

## 늦었을 때 사과의 표현

▶늦어서 미안합니다. [죄송합니다]
뻬르도나메 뽀르 아베르 예가도 따르데
Perdóneme por haber llegado tarde.
▶기다리게 해서 미안합니다.
뻬르도나메 뽀르 아베를레 에초 에스뻬라르
Perdóneme por haberle hecho esperar.

113

Ⓐ 안녕하세요.

Ⓑ 안녕하세요. 선생님.

Ⓐ 서울에 가려고 합니다만…

Ⓑ 비행기로 가실건가요.

아니면 기차로 가실건가요?

Ⓐ 비행기로요.

Ⓑ 좋아요. 잠깐만 기다려보세요.

# WORDS & PHRASES 🎵

• información : f. 알림, 통보, 소식, 정보

## 엔　라　인포르마씨온
# En la información(I)

Ⓐ 부에노쓰　디아쓰
**Buenos días.**

Ⓑ 부에노쓰　디아쓰　쎄뇨르
**Buenos días, señor.**

Ⓐ 끼에로　이르　아　세울　뽀르　파보르
**¿Quiero ir a Seúl, por favor?**

Ⓑ 엔　아비온　오　엔　뜨렌
**¿En avión o en tren?**

Ⓐ 엔　아비온
**En avión.**

Ⓑ 부에노　운　모멘또
**Bueno. Un momento.**

115

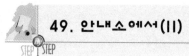

Ⓐ 비행기편이 많이 있습니까?

Ⓑ 물론입니다. 선생님.

Ⓐ 그래요. 그러면 2시엔

비행기가 없습니까?

Ⓑ 잠깐만 기다리세요.

제가 시간표를 살펴보도록 하지요.

Ⓐ 좋아요. 감사합니다.

WORDS & PHRASES 32

• vuelo : m. 비행, 날개
• consultar : 상담하다, 의논하다, 찾다
• horario : m. 시침, 시간표

엔 라 인포르마씨온
# En la información(II)

아이 무초쓰 부엘로쓰
Ⓐ ¿Hay muchos vuelos?

끌라로 께 씨 쎄뇨르
Ⓑ Claro que sí señor.

부에노 엔똔세쓰 노 아이
Ⓐ Bueno, entonces ¿no hay

알군 부엘로 아 라스 도쓰
algún vuelo a las dos?

운 모멘또
Ⓑ Un momento.

보이 아 꼰술따르 엘 오라리오
Voy a consultar el horario.

부에노 그라씨아쓰
Ⓐ Bueno. Gracias.

## 50. 오늘이 몇 일이지?

STEP STEP

Ⓐ 너의 아버지는 언제 스페인에서 돌아오시니?

Ⓑ 내일 아침에.

Ⓐ 오늘이 몇 일인데?

Ⓑ 9月 6日이야.

Ⓐ 그러면 너의 아버지는 7일날 돌아오시는거구나.

Ⓑ 그래 맞아.

WORDS & PHRASES 32

- fecha : f. 날짜
- padre : m. 아버지
- septiembre : 9월
- seis : 6
- mañana : 내일
  la mañana : 아침

께 페차 에쓰 오이
# ¿Qué fecha es hoy?

날짜

파노도 비에네 뚜 빠드레 데 에스빠냐
Ⓐ ¿Cuándo viene tu padre de España?

마냐나 데 라 마냐나
Ⓑ Mañana de la mañana.

께 페차 에쓰 오이
Ⓐ ¿Qué fecha es hoy?

오이 에쓰 엘 쎄이스 데 쎄ㅂ띠엠브레
Ⓑ Hoy es el seis de septiembre.

엔똔세쓰 뚜 빠드레 비에네 엘 씨에떼
Ⓐ Entonces, tu padre viene el siete.

라쏜
Ⓑ Razón.

---

### 사과의 표현

▶내가 저지른 일을 사과합니다.

디스꿀뻬 뽀르 라 디스뜨락씨온
Disculpe por la distracción.

▶실례[무례]를 사과합니다.

디스꿀뻬 뽀르 미 팔따데 꼬르떼시아
Disculpe por mi faltade cortesía.

▶저의 경솔함을 사과드립니다.

디스꿀뻬 뽀르 미 악또 리헤로
Disculpe por mi acto ligero.

119

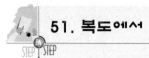

## 51. 복도에서

ⓐ 실례합니다만,

201호실이 어디에 있습니까?

ⓑ 201호실이라고요?

ⓐ 네.

ⓑ 좋아요. 갑시다.

ⓐ 감사합니다.

ⓑ 천만에요. 여기입니다.

ⓐ 대단히 감사합니다.

WORDS & PHRASES 32

- pasillo : m. 복도, 낭하
- vamos : 갑시다

## 엔 엘 빠시요
# En el pasillo

보르 파보르
Ⓐ Por favor.

돈데　에스타　라　아비타씨온　　도쓰씨엔또쓰이우노
¿Dónde está la habitación 201?

라　아비따씨온　　도쓰씨엔또쓰이우노
Ⓑ ¿La habitación 201?

씨　보르　파보르
Ⓐ Sí, por favor.

부에노　　바모쓰
Ⓑ Bueno. Vamos.

그라씨아쓰
Ⓐ Gracias.

데　나다　아끼　에쓰
Ⓑ De nada. Aquí es.

무차쓰　　그라시아쓰
Ⓐ Muchas gracias.

## 52. 거스름돈이 여기 있습니다.

STEP STEP

Ⓐ 얼마입니까?

Ⓑ 600원입니다.

Ⓐ 여기 있습니다.

Ⓑ 거스름돈이 여기 있습니다, 손님.

Ⓐ 당신 가지세요.

Ⓑ 대단히 감사합니다, 손님.

Ⓐ 천만에, 안녕히 가세요.

Ⓑ 안녕히 가세요, 손님.

## WORDS & PHRASES 32

• vuelta : 회전, 구부러짐, 거스름돈
• para usted : 당신을 위하여의 뜻, 곧 당신 가지시오

122

라　부엘따
# La vuelta.

빠ㄴ또　에쓰 뽀르 파보르
Ⓐ ¿Cuánto es, por favor?

쎄이쓰 씨엔또쓰 워네쓰
Ⓑ Seis cientos wones.

아끼　띠에네 우스떼ㄷ
Ⓐ Aqui tiene usted.

라　부엘따　쎄뇨르
Ⓑ La vuelta, señor.

빠라　우스떼ㄷ
Ⓐ Para usted.

무차쓰　그라씨아쓰 쎄뇨르
Ⓑ Muchas gracias, señor.

데　나다　아디오쓰
Ⓐ De nada, adios.

아디오쓰 쎄뇨르
Ⓑ Adios, señor.

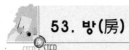
Ⓐ 방이 어두운가요?

Ⓑ 아니요. 무척 밝아요.

Ⓐ 화장실은 어디에 있죠?

Ⓑ 현관 옆에 있어요.

Ⓐ 방의 창문은 큰가요?

Ⓑ 아니요. 그렇게 크지 않아요.

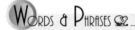

## WORDS & PHRASES

- habitación : f. 방
- oscuro : 어두운, 암담한
- claro : 밝은, 맑은, 명백한

라　아비따씨온
# La habitación

에쓰 오스꾸라 라 아비따씨온
ⓐ ¿Es oscura la habitación?

노　에쓰 무이 끌라라
ⓑ No. Es muy clara.

돈데　에스따 엘 쎄르비씨오
ⓐ ¿Dónde está el servicio?

에스따 쎄르까 데 라 뿌에르따
ⓑ Está cerca de la puerta.

에쓰 그란데 라 벤따나　데
ⓐ ¿Es grande la ventana de

라 아비따씨온
la habitación?

노　노 에쓰 딴 그란데
ⓑ No, no es tan grande.


# WORDS & PHRASES ♋

• servicio : m. 봉사, 사무 업무, (공중)화장실
• cerca de : ~ 옆에, ~ 근처에
• ventana : f. 창

**125**

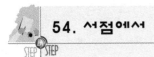
Ⓐ 저, 재미있는 소설책 한 권

사고 싶은데요.

Ⓑ 이 책은 어떠세요? 선생님.

Ⓐ 역사책이잖아요?

Ⓑ 네, 선생님. 하지만 매우 재미있어요.

Ⓐ 저는 지루할 것 같은데요.

Ⓑ 그러면 저 책은 어떠세요?

Ⓐ 좋아요.

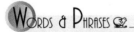

## WORDS & PHRASES 32

- librería : f. 서점, 도서실
- novela : f. 소설( = ficción)
- histórico : 역사상의, 역사적인

엔　라　리브레리아
# En la librería.

（A）
뽀르　파보르　끼에로　꼼쁘라르
Por favor, quiero comprar

우나　노벨라　인떼레싼떼
una novela interesante.

（B）
께　　떼　바레쎄　에스떼　리브로　쎄뇨르
¿Qué te parece este libro, señor?

（A）
에쓰　엘　리브로　이스또리꼬
¿Es el libro histórico?

（B）
씨　쎄뇨르　뻬로　에쓰　무이　인떼레싼떼
Sí, señor. Pero es muy interesante.

（A）
메　　빠레쎄　께　에쓰　아부리도
Me parece que es aburrido.

（B）
엔똔세쓰　　　아께ㄹ　리브로
Entonces, ¿aquel libro?

（A）
부에노
Bueno.

## WORDS & PHRASES ♫32
• aburrido : 따분한

## 55. 오늘은 불가능하다.

STEP STEP

Ⓐ 미수야, 너 우리 모임 기억하지?

Ⓑ 언제지?

Ⓐ 오늘이야.

Ⓑ 오늘이라고? 오늘은 불가능해.

Ⓐ 오후 여섯 시에 시작이야.

Ⓑ 어디에서.

Ⓐ 이번에는 인영이네 집에서야.

## WORDS & PHRASES ♬

- posible : 가능한
- recuerdas : recordar (기억하다, 그리워하다)의 2인칭 단수형
- reunión : f. 결합, 모임, 회합

오이 노 에쓰 보씨블레
# Hoy no es posible.

미수 레꾸에르다쓰 누에스뜨로 레우니온
Ⓐ Misu, ¿recuerdas nuestro reunión?

꾸안도 에쓰
Ⓑ ¿Cuándo es?

에쓰 오이
Ⓐ Es hoy.

오이 노 에쓰 보씨블레
Ⓑ ¿Hoy? No es posible

엠삐에싸 아 라스 쎄이쓰 데 라 따르데
Ⓐ Empieza a las seis de la tarde.

엔 돈데
Ⓑ ¿En dónde?

에스따 베쓰 에쓰 엔 라 까사 데 인영
Ⓐ Esta vez es en la casa de Inyeong.

129

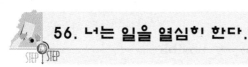

## 56. 너는 일을 열심히 한다.

Ⓐ 너 어디에서 일하고 있니?

Ⓑ 아침나절엔 은행에서, 오후엔

우리집에서 일하고 있어.

Ⓐ 너의 집에선 무슨 일을 하니?

Ⓑ 전화받고, 접시닦고,

저녁 준비를 하지.

Ⓐ 정말 일을 많이 하는구나!

Ⓑ 그래, 하루종일 일을 하니까.

## WORDS & PHRASES ✌2

• trabajas : trabajar (일하다)의 2인칭 단수형
• banco : m. 은행
• contesto : contestar (대답하다, 응하다)의 1인칭 단수형

130

뚜 뜨라바하쓰 무초
**Tú trabajas mucho.**

Ⓐ 엔 돈데 뜨라바하쓰
¿En dónde trabajas?

Ⓑ 보르 라 마냐나 뜨라바호 엔
Por la mañana trabajo en

운 방꼬 이 보르 라 따르데 엔 미 까사
un banco y por la tarde en mi casa.

Ⓐ 께 뜨라바하쓰 엔 뚜 까사
¿Qué trabajas en tu casa?

Ⓑ 꼰떼스또 엘 뗄레포노
Contesto el teléfono,

라보 로스 쁠라또쓰 이 쁘레빠로 라 쎄나
lavo los platos y preparo la cena

Ⓐ 뜨라바하쓰 무초
¡Trabajas mucho!

Ⓑ 씨 뜨라바호 또도쓰 로쓰 디아쓰
Sí, trabajo todos los días.

# WORDS & PHRASES ℘

- teléfono : m. 전화
- lavo : lavar (씻다, 세탁하다)의 1인칭 단수형
- preparo : preparar (준비하다)의 1인칭 단수형

131

STEP STEP

Ⓐ 날씨가 매우 덥다.

Ⓑ 지금은 여름이니 당연하잖아.

Ⓐ 오늘은 어제보다 더 더운데.

Ⓑ 네 말이 맞아.

Ⓐ 우리 수영장 가는 게 어때?

Ⓑ 좋은 생각이야!

WORDS & PHRASES

- calor : m. 열, 더위
- natural : 자연의, 당연한, 보통의
- ayer : 어제
- piscina : f. 수영장, 풀장

## 쏘브레 엘 베라노
## Sobre el verano

ⓐ 아세 무초 깔로르
Hace mucho calor.

ⓑ 에쓰 나뚜랄 뽀르께 아오라 에쓰 베라노
Es natural, porque ahora es verano.

ⓐ 오이 아쎄 마쓰 깔로르 께 아예르
Hoy hace más calor que ayer.

ⓑ 띠에네쓰 라쏜
Tienes razón.

ⓐ 께 떼 빠레쎄 께 바모쓰 알 삐쓰씨나
¿Qué te parece que vamos al piscina?

ⓑ 부에나 이데아
¡Buena idea!

133

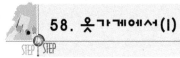

Ⓐ 이 애가 입을만한 옷이 있습니까?

Ⓑ 네 있지요, 왜 없겠어요, 보세요.

Ⓐ 저 옷이 맘에 드는군요.

Ⓑ 좋아요. 값은 단지 3만원밖에 안합니다.

Ⓐ 너무 비싸군요.

Ⓑ 그러면

　이 옷은 어떻습니까?

　6천원 밖에 안합니다.

Ⓐ 좋아요. 주십시오.

엔 라 띠엔다 델 뜨라헤
# En la tienda del traje(I)

띠에네 우스떼드 알군 뜨라헤 빠라 에스떼 니뇨
Ⓐ ¿Tiene usted algún traje para este niño?

씨 꼬모 노 미레
Ⓑ Sí. Cómo no. Mire.

메 구스따 아께ㄹ 뜨라헤
Ⓐ Me gusta aquel traje.

부에노 쏠로 뜨레인따 밀 워네스
Ⓑ Bueno. Sólo treinta mil wones.

데마씨아도 까로
Ⓐ Demaciado caro.

엔똔세쓰
Ⓑ Entonces,

께 레 빠레쎄 에스떼 뜨라헤
¿qué le parece este traje?

쏠로 쎄이쓰 밀 워네스
Sólo seis mil wones.

부에노 다메 뽀르 파보르
Ⓐ Bueno, dame, por favor.

Ⓐ 무엇을 원하시죠?

Ⓑ 옷을 좀 볼려구요.

Ⓐ 좋아요. 들어와서 구경하세요.

Ⓑ 고마워요.

이 옷들은 가을옷이군요.

Ⓐ 네, 그래요, 부인. 최신 유행형이지요.

# WORDS & PHRASES 32

- vestido : m. 의복, 옷
- pase : pasar 의 존칭 명령형
- adentro : 안으로, 안쪽에
- vea : ver (보다)의 존칭 명령형
- otoño : m. 가을
- última : 최후의, 최근의
- moda : f. 유행

엔 라 띠엔다 델 뜨라헤
# En la tienda del traje(II)

끼에레 우스떼드 알고
Ⓐ ¿Quiere usted algo?

시 끼에로 베르 알구노쓰 베스띠도쓰
Ⓑ Sí, quiero ver algunos vesticos.

부에노 빠쎄 아덴뜨로 이 베아
Ⓐ Bueno, pase adentro y vea.

그라씨아쓰 에스또쓰 베스띠도 쏜
Ⓑ Gracias. Estos vestidos son

빠라 엘 오또뇨
para el otoño.

씨 쎄뇨라 쏜 데 라 울띠마 모다
Ⓐ Sí, senora. Son de la última moda.

---

### 사과에 대한 응답

▶ 천만에요.
데 나다
De nada.

▶ 있을 수 있는 일이지요.
에소 에스 운 아순또 뽀시블레
Eso es un asunto posible.

▶ 염려하지마!
노 세 쁘레오꾸뻬
No se preocupe.

137

# 60. 기차가 몇 시에 출발합니까?

Ⓐ 광주행 다음 기차가 몇 시에

출발합니까?

Ⓑ 10시 30분에 출발합니다.

Ⓐ 그 곳엔 몇 시에 도착합니까?

Ⓑ 두 시에 도착합니다.

## WORDS & PHRASES

- tren : m. 기차
- a qué hora : ~ 몇 시에
- sale : salir (나가다, 떠나다, 외출하다)의 3인칭 단수형
- próximo : 인접한, 바로 다음의, 가까운
- llega : llegar (도착하다)의 3인칭 단수형

아 께 오라 쌀레 엘 뜨렌
# ¿A qué hora sale el tren?

아 께 오라 쌀레 엘
Ⓐ ¿A qué hora sale el

쁘록씨모 뜨렌 빠라 광주
próximo tren para Kwangju?

쌀레 아 라스 디에쓰 이 메디아
Ⓑ Sale a las diez y media.

아 께 오라 예가 아이
Ⓐ ¿A qué hora llega allí?

예가 아 라스 도쓰
Ⓑ Llega a las dos.

---

## 친절에 대하여

▶ 당신의 친절에 깊이 감사합니다.
그라시아스 뽀르 수 아마빌리닫
Gracias por su amabilidad.

▶ 도와 주셔서 대단히 고맙습니다.
그라시아스 뽀르 수 아유다
Gracias por su ayuda.

▶ 조언해 주셔서 고맙습니다.
그라시아스 뽀르 수 꼰세호
Gracias por su consejo.

## 61. 오늘 신문에 무슨 기사가 실렸습니까?

STEP STEP

Ⓐ 오늘 신문에 무슨 기사가 실렸습니까?

Ⓑ 내일 바람이 몹시 분다는군요.

Ⓐ 또 다른 것은요?

Ⓑ 잠실 운동장에서

야구 경기가 있답니다.

# WORDS & PHRASES

- dice : decir (말하다)의 3인칭 단수형
- periódico : m. 신문
- partido : m. 팀, 시합, 정당
- campo : m. 들, 장소
- deporte : m. 운동, 스포츠

## 께 디쎄 엘 뻬리오디꼬 데 오이
# ¿Qué dice el periódico de hoy?

Ⓐ 께 디쎄 엘 뻬리오디꼬 데 오이
¿Qué dice el periódico de hoy?

Ⓑ 디쎄 께 마냐나 바 아 아쎄르
Dice que mañana va a hacer

무쵸 비엔또
mucho viento.

Ⓐ 이 알고 마쓰
¿Y algo más?

Ⓑ 아이 빠르띠도 데 베이쓰볼 엔 엘
Hay partido de béisbol en el

깜보 데 데뽀르떼쓰 잠실
campo de deportes Chamshil.

141

# 62. 담배를 피워도 될까요?

STEP STEP

Ⓐ 미안합니다만 제가 담배를 피워도 괜찮겠습니까?

Ⓑ 네. 괜찮아요.

Ⓐ 이보게 젊은이.

내가 창문을 좀 열어도 되겠나?

너무 더워서 그래.

Ⓒ 네. 제가 열어드리지요.

## WORDS & PHRASES 32

• fumar : 담배를 비우다
• perdón : m. 용서, 사면
• joven : m. 젊은이
• abrir : 열다
• abro : abrir (열다)의 1인칭 단수형

뿌에도 푸마르
**¿Puedo fumar?**

Ⓐ
빼르돈 뿌에도 푸마르
Perdón. ¿Puedo fumar?

Ⓑ
씨 노 임뽀르따
Sí. No importa.

Ⓐ
오이가 호벤
Oiga, joven.

뿌에도 아브리르 라 벤따나
¿Puedo abrir la ventana?

뗑고 무쵸 깔로르
Tengo mucho calor.

Ⓒ
씨 요 미스모 라 아브로
Sí. Yo mismo la abro.

# 63. 무슨 색깔을 원하십니까?

Ⓐ 무엇을 사시겠습니까?(무엇을 원하십니까?)

Ⓑ 넥타이를 하나 사고 싶은데요.

Ⓐ 무슨 색깔을 원하시죠?

Ⓑ 파란색으로 주세요.

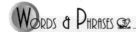

WORDS & PHRASES ③②

- color : m. 색깔
- corbata : f. 넥타이
- azul : 푸른. m. 청색, 푸른색

데 께 꼴로르 끼에레
## ¿De qué color quiere?

께 끼에레 우스떼드
Ⓐ ¿Qué quiere usted?

끼에로 꼼쁘라르 우나 꼬르바따
Ⓑ Quiero comprar una corbata.

데 께 꼴로르 라 끼에레
Ⓐ ¿De qué color la quiere?

아쑬 뽀르 파보르
Ⓑ Azul, por favor.

### 친절에 대하여

▶위로해 주셔서 깊이 감사합니다.
그라시아스 뽀르 수 꼰수엘로
Gracias por su consuelo.

▶여러 가지로 애를 써 주셨습니다. 감사합니다.
그라시아스 뽀르 또도
Gracias por todo.

▶정말 신세졌습니다.
에 레십비도 수스 파보레스
He recibido sus favores.

# 64. 기차 안에서

Ⓐ 안녕하세요.

Ⓑ 안녕하세요.

Ⓐ 이 좌석이 비어 있습니까?

Ⓑ 네. 비어 있습니다.

Ⓐ 그러면

제가 여기 앉아도 될까요?

Ⓑ 물론이죠.

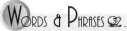

# WORDS & PHRASES

- libre : 자유의 자유로운, (~이) 없는
- sitio : 장소, 곳, 좌석
- sentarme : sentarse (앉다)의 1인칭
  sentar 는 앉히다 라는 타동사인데, 뒤에
  재귀대명사를 붙혀 자동사화한 것이다.

## 엔 엘 뜨렌
# En el tren

부에나쓰 따르데쓰
Ⓐ Buenas tardes.

부에나쓰 따르데쓰
Ⓑ Buenas tardes.

에스따 리브레 에스떼 씨띠오
Ⓐ ¿Está libre este sitio?

씨 리브레
Ⓑ Sí, libre.

엔똔세쓰
Ⓐ Entonces

부에데 쎈따르메 아끼
¿puede sentarme aquí?

끌라로 께 씨
Ⓑ Claro que sí.

147

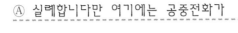

## 65. 동전 있습니까?

Ⓐ 실례합니다만 여기에는 공중전화가

없습니까?

Ⓑ 있어요. 저기 모퉁이에 있어요.

Ⓐ 감사합니다.

Ⓑ 천만에요.

동전은 갖고 계세요?

Ⓐ 네 아가씨. 감사합니다.

- moneda : f. 돈, 화폐
- público : 공공의. teléfono público : 공중전화
- señorita : 아가씨, 양, 미혼의 여성에게

## 띠에네 우스떼ㄷ 모네다쓰
## ¿Tiene usted monedas?

(A) 뽀르 파보르 노 아이 알군
Por favor, ¿no hay algún

떼레포노 뿌블리꼬 뽀르 아끼
teléfono público por aquí?

(B) 씨 아이 엔 라 에쓰끼나 아이
Sí. Ahí en la esquina hay.

(A) 그라씨아쓰
Gracias.

(B) 데 나다
De nada.

띠에네 우스떼ㄷ 모네다쓰
¿Tiene usted monedas?

(A) 씨 쎄뇨리타 그라씨아쓰
Sí, señorita, gracias.

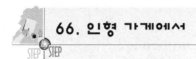
Ⓐ 김, 너 손에 무엇을 가지고 있니?

Ⓑ 인형이야

Ⓐ 정말 예쁘구나.

Ⓑ 물론이야. 한국제품이야.

Ⓐ 그래.

나도 그런 인형을 사고 싶어.

## WORDS & PHRASES

- muñeca : f. 인형
- mano : f. 손

엔 라 띠엔다 데 라 무녜까
# En la tienda de la muñeca

께 띠에네쓰 엔 라 마노 김
Ⓐ ¿Qué tienes en la mano, Kim?

뗑고 라 무녜까
Ⓑ Tengo la muñeca.

께 보니따 에쓰
Ⓐ ¡Qué bonita es!

끌라로 께 씨 에쓰 데 꼬레아
Ⓑ Claro que sí. Es de Corea.

부에노
Ⓐ Bueno.

끼에로 꼼쁘라르 무녜까 꼬모 에싸
Quiero comprar muñeca como esa.

## 감사에 대한 응답

▶ 천만에요.
데 나다
De nada.
▶ 원 별말씀을
오 노 아이 데 께
¡Oh! No hay de qué.
▶ 그걸 대단한 것으로 생각지 마십시오.
노 끄레아 께 에소 에쓰 무이 임쁘르딴떼
No crea que eso es muy importante.

Ⓐ 후식으로 무엇을 드시겠습니까?

Ⓑ 나는 포도 아이스크림.

Ⓒ 나는, 사과를 주세요.

Ⓐ 또 다른 것은 더 없습니까?

Ⓑ 커피요, 아주 진하게.

Ⓒ 나는 사과만 주세요.

## WORDS & PHRASES 32

- postre : m. 후식, 디저트
- helado : m. 얼음과자, 아이스크림
- uva : f. 포도
- manzana : f. 사과
- carcado : 농후한, 진한, 무더운

께 데쎄안 우스떼데쓰 데 뽀스뜨레
## ¿Qué desean ustedes de postre?

께 데쎄안 우스떼데쓰 데 뽀스뜨레
Ⓐ ¿Qué desean ustedes de postre?

요 운 에라도 데 우바
Ⓑ Yo, un helado de uva.

요 우나 만싸나 뽀르 파보르
Ⓒ Yo, una manzana, por favor.

이 알고 마쓰
Ⓐ ¿Y algo más?

이 까페 무이 까르가도
Ⓑ Y café, muy carcado.

요 노 쏠로 우나 만싸나
Ⓒ Yo, no. Sólo una manzana.

---

### 길을 물을 때

▶우체국까지는 몇 정거장입니까?
꾸안따스 빠라다스 아이 아스따 엘 꼬레오
¿Cuántas paradas hay hasta el Correo?

▶다섯 정거장 됩니다.
아이 씽꼬 빠라다스
Hay cinco paradas.

▶버스는 얼마나 자주 다닙니까?
까다 꾸안또 띠엠뽀 빠사 엘 부스
¿Cada cuánto tiempo pasa el bús?

153

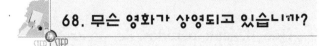
Ⓐ 서울극장에서 무슨 영화가

상영되고 있습니까?

Ⓑ "정글쥬스"가 상영되고 있습니다.

Ⓐ 주인공이 누구지요?

Ⓑ 주인공은 장혁, 이범수입니다.

# WORDS & PHRASES

- película : f. 필름, 영화
- exhibiendo : exhibir (내보이다, 공개하다, 상영하다)의 현재분사형
- protagonista : 주인공. a로 끝나있으나 여성형이 아니고 남녀 공통으로 쓰인다. 즉, 남자 주인공하면 정관사의 남성형 el을, 여자 주인공하면 정관사의 여성형 la를 쓰면 된다.

께 뻬ㄹ리꿀라 에스딴 엑시비엔도
## ¿Qué película están exhibiendo?

께 뻬ㄹ리꿀라 에스딴
Ⓐ Qué película están

엑시비엔도 엔 엘 씨네 세울
exhibiendo en el Cine Seúl?

에스딴 엑시비엔도 정글쥬스
Ⓑ Están eshibiendo "Junglejuice".

끼엔에쓰 쏜 쁘로따고니스따쓰
Ⓐ ¿Quienes son protagonistas?

엘 쁘로따고니스따 혁 장
Ⓑ El protagonista, Hyuk Jang,

범수 리
Bumsu Lee.

---

### 길을 물을 때

▶여기가 어디쯤일까?
돈데 에스따모스
¿Dónde estamos?

▶글쎄! 모르겠네요.
노 로 세
No lo sé.

▶틀림없이 이 근처인데
씬 두다 에스따 세르까 데 아끼
Sin duda está cerca de aquí.

Ⓐ 어디 가시죠?

Ⓑ 203 호실에 갑니다.

Ⓐ 누구를 찾으시는데요?

Ⓑ 저의 친구를 만나러가는데요.

Ⓐ 그래요. 가십시오.

WORDS & PHRASES 32

• busca : buscar (찾다)의 3인칭 단수형

아 끼엔 부스까 우스떼드
## ¿A quién busca usted?

아 돈데 바 우스떼드
Ⓐ ¿A dónde va usted?

보이 아 라 아비따씨온 도쓰씨엔또스뜨레스
Ⓑ Voy a la habitación 203.

아 끼엔 부스까 우스떼드
Ⓐ ¿A quién busca usted?

보이 아 베를레 아 미 아미고
Ⓑ Voy a verle a mi amigo.

부에노 빠쎄
Ⓐ Bueno. Pase.

---

### 장소를 찾아갈 때

▶ 실례합니다. 아가씨,

뻬르돈 세뇨리따
Perdón señorita.

▶ 가르시아씨 사무실은 몇 층이지요?

엔 께 삐소 에스따 라 오피시나 델 세뇨르 가르시아
¿ En qué piso está la oficina del Sr. Gracía?

▶ 10층에 있습니다.

에스따 엔 엘 데시모 삐소
Está en el décimo piso.

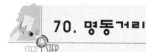

## 70. 명동거리

Ⓐ 지금 명동거리에 사람이 많을까?

Ⓑ 틀림없이 많을거야.

그곳엔 항상 사람이

많으니까.

Ⓐ 우리 명동 가자

Ⓑ 뭐하러?

## WORDS & PHRASES

• habrá : haber (있다, 가지다)의 가능법 3인칭 단수형
• gente : f. 사람
• debe : deber의 3인칭 단수형.
        debert원형 : ~임에 틀림없다.
• siempre : 항상

라 까예 명동
## La Calle Meongdong

Ⓐ
아브라 무차 헨떼 엔 라
¿Habrá mucha gente en la

까예 명동 아오라
Calle Meongdong, ahora?

Ⓑ
데베 아베르 무차
Debe haber mucha.

엔 아께르 씨띠오 아이 무차
En aquel sitio hay mucha

헨떼 씨엠쁘레
gente siempre.

Ⓐ
바모쓰 아 명동
Vamos a Meongdong.

Ⓑ
빠라 께
¿Para qué?

159

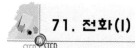

# 71. 전화(I)

Ⓐ 루이스 있습니까?

Ⓑ 누구십니까?

Ⓐ 저는 김입니다.

Ⓑ 그래요. 잠깐만 기다리세요.

Ⓒ 안녕, 김. 어떻게 지내니?

Ⓐ 잘 지내. 너 지금 집에서 뭐하고 있니?

Ⓒ 너하고 전화로 통화하고 있잖아.

WORDS & PHRASES

- poner : 놓다
- espera : esperar (기다리다)의 3인칭 단수형
- hablando : hablar (이야기하다, 말하다)의 현재분사형
- con : 전치사, ~을 가지고, ~와 함께(영어의 with)

## 떨레포노쓰
# Teléfonos(I)

Ⓐ 오이가 쎄 뿌에데 뽀네르 루이쓰
Oiga. ¿Se puede poner Luis?

Ⓑ 끼엔 아블라
¿Quién habla?

Ⓐ 쏘이 김
Soy Kim.

Ⓑ 부에노 에스뻬라 운 모멘또
Bueno, espera un momento.

Ⓒ 올라 김 께 딸
¡Hola, Kim! ¿Qué tal?

Ⓐ 비엔 께 아쎄쓰 아오라 엔 까사
Bien. ¿Qué haces ahora en casa?

Ⓒ 에스또이 아블란도 꼰 뚜 뽀르 떨레포노
Estoy hablando con tú por teléfono.

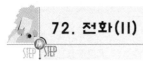
Ⓐ 여보세요. 여보세요.

Ⓑ 말씀하세요.

Ⓐ 미수 집에 있습니까?

Ⓑ 아뇨. 지금 없는데요.

누구십니까?

Ⓐ 호세입니다.

Ⓑ 그래요. 조금 후에

다시 전화해

주시겠습니까?

떨레포노쓰
# Teléfonos(II)

Ⓐ 오이가 오이가 보르 파보르
Oiga, oiga, por favor.

Ⓑ 디가
Diga.

Ⓐ 에스따 미수 엔 까사
¿Está Misu en casa?

Ⓑ 노 노 에스따 아오라
No, no está ahora.

끼엔 레 야마 포르 파보르
¿Quién le llama, por favor?

Ⓐ 레 야마 호세
Le llama José.

Ⓑ 부에노 뿌에데 우스떼드
Bueno. ¿Puede usted

야마를레 오뜨라 베쓰 운 뽀꼬
llamarle otra vez un poco

마쓰 따르데
más tarde?

163

Ⓐ 실례합니다.

방이 있습니까?

Ⓑ 예약하셨나요?

Ⓐ 아닙니다. 못했습니다.

Ⓑ 그러세요.

독방을 원하세요?

Ⓐ 아닙니다. 2인용 방을 원해요.

WORDS & PHRASES ♋

• reservado : 예약된, m. 예약한 방
• individual : 개인의
• doble : 2중의

라 띠에네 레쎄르바다
¿La tiene reservada?

Ⓐ 뽀르 파보르
Por favor.

띠에네 아비따씨온
¿Tiene habitación?

Ⓑ 라 띠에네 레쎄르바다
¿La tiene reservada?

Ⓐ 노 노 뿌에도 아쎄를로
No, no puedo hacerlo.

Ⓑ 비엔
Bien.

끼에레 라 아비따씨온 인디비두알
¿Quiere la habitación individual?

Ⓐ 노 우나 아비따씨온 노블레 뽀르 파보르
No. Una habitación doble, por favor.

---

### 물어볼 때

▶실례합니다.
뻬르돈
Perdón.

▶뭣 좀 물어볼 수 있습니까?
뿌에도 쁘레군따르레 알레
¿ Puedo preguntarle algo?

**165**

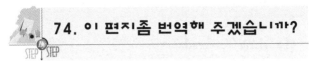
Ⓐ 이 편지 좀 스페인어로 번역해

주시겠습니까?

Ⓑ 죄송합니다만,

지금 당장은 시간이 없습니다.

Ⓐ 그러면 내일은요?

Ⓑ 내일은 됩니다.

# WORDS & PHRASES 32

• traducir : 번역하다, 통역하다
• carta : f. 편지, 카드
• en español : 스페인어로, en coreano : 한국어로

166

보드리아 뜨라두씨르메 에스따 까르따
## ¿Pordría traducirme esta carta?

Ⓐ 보드리아 뜨라두씨르메 에스따
¿Podría traducirme esta

까르따 엔 에스빠뇰
carta en español?

Ⓑ 로 씨엔또 뮤쵸
Lo siento nucho,

뻬로 아오라 미쓰모 노 뗑고 띠엠뽀
pero ahora mismo no tengo tiempo.

Ⓐ 엔똔쎄쓰 마냐나
Entonces, ¿mañana?

Ⓑ 마냐나 씨
Mañana, sí.

---

### 요금표

▶요금은 얼마입니까?
꾸안또 에쓰
¿ Cuánto es?

▶이것이 요금표입니다.
에스따 에스 라 리스따 데 쁘레시오스
Esta es la lista de precios.

▶우리 차례는 언제옵니까?
떼네모스 께 에스뻬라르 누에스뜨로 뚜르노
¿ Tenemos que esperar nuestro turno?

167

# 75. "Rosa"를 한국어로 뭐라고 하죠?

Ⓐ "Rosa"를 한국어로 뭐라고 합니까?

Ⓑ 장미라고 합니다.

Ⓐ 그러면 "Cosmos"는요?

Ⓑ 코스모스라고 하지요.

WORDS & PHRASES ♋

• rosa : f. 장미
• cómo se dice : 무어라고 부릅니까?

꼬모　써　디쎄　로싸　엔　꼬레아노
# ¿Cómo se dice "rosa" en coreano?

꼬모　써　디쎄　로싸　엔　꼬레아노
Ⓐ ¿Cómo se dice "rosa" en coreano?

써　디쎄　장미
Ⓑ Se dice "Jangmi"

엔똔쎄쓰　꼬쓰모쓰
Ⓐ Entonces, ¿"Cosmos"?

써　디쎄　꼬쓰모쓰
Ⓑ Se dice Cosmos.

---

## 차 례

▶ 차례를 기다려 주십시오.

에스뻬렌 수 뚜르노
Esperen su turno.

▶ 15분만 있으면 차례가 옵니다.

에스뻬렌 낀세 미누또스
Esperen quince minutos.

▶ 기다리다 지쳐버렸다.

에스따모스 깐사도스 데 에스뻬라르
Estamos cansados de esperar.

169

Ⓐ 저 나무 앞에서 사진 한 장

찍으러 가자.

Ⓑ 좋아 가자.

ⓒ 여보세요. 그 곳으로

들어가면 안됩니다.

Ⓐ 뭐라구요?

ⓒ 잔디를 밟지 말라구요.

# WORDS & PHRASES

- pisar : 밟다
- cesped : f. 잔디
- fotografía : f. 사진
- delante de : ~의 앞에
- árbol : m. 나무

노 삐싸르 라 쎄스뻬드
**No pisar la cesped.**

빠모쓰 아 아쎄르 우나
Ⓐ **Vamos a hacer una**

포또그라피아 델란떼 데 에쎄 아르볼
**fotografía delante de ese árbol.**

부에노 바모쓰
Ⓑ **Bueno. Vamos.**

오이가 뽀르 파보르
Ⓒ **Oiga, por favor.**

쎄 쁘로이베 엔뜨라르 엔 에쎄 씨띠오
**se prohibe entrar en ese sitio.**

께 디쎄
Ⓐ **¿Qué dice?**

디고 께 노 삐싸르 라 쎄스뻬드
Ⓒ **Digo que no pisar la cesped.**

# WORDS & PHRASES 32

• prohibe : prohibir (금하다, 금지하다)의 3인칭 단수형
   prohibir + 동사원형 : ~ 하는 것을 금지하다

# 77. 금 연

Ⓐ 이봐요. 이봐요.

여기서는 담배를 피워서는 안됩니다.

Ⓑ 죄송합니다 선생님.

그러면, 어디서 담배를 피울 수 있습니까?

Ⓐ 저기요. 저기에 흡연실이 있습니다.

Ⓑ 감사합니다.

Ⓐ 천만에요.

- caballero : m. 신사, 기사
- sala de fumar : 흡연실

쎄 쁘로이베 푸마르
# Se prohibe fumar

까바예로 까바예로
Ⓐ Caballero, caballero,

띠에네 께 노 푸마르 아끼
¿tiene que no fumar aquí?

로 씨엔또 무쵸 쎄뇨르
Ⓑ Lo siento mucho, señor.

엔똔쎄쓰 돈데 뿌에도 푸마르
Entonces, ¿dónde puedo fumar?

아이 아이 에스따 쌀라 데 푸마르
Ⓐ Ahí, ahí está sala de fumar.

그라씨아쓰
Ⓑ Gracias.

그라씨아쓰 아 우스떼드
Ⓐ Gracias a usted.

# 78. 점심

STEP STEP

Ⓐ 나는 매우 배가 고파.

Ⓑ 그러면 식당에 가려므나.

Ⓐ 야. 까르멘 우리 점심 먹으러 가자.

　벌써 두 시야.

Ⓑ 하지만 나는 배가 고프지 않아.

　그래서 점심도 먹고 싶지 않지.

Ⓐ 좋아. 그러면 혼자 먹으러 가야되겠군.

## WORDS & PHRASES ㉜

- almuerzo : m. 점심
- restaurante : m. 식당
- vayas : ir (가다)의 2인칭 단수 명령형. 가거라
- por eso : 그래서

엘  알무에르쏘
# El almuerzo

요  뗑고  무차  암브레
Ⓐ Yo tengo mucha hambre.

엔똔세쓰  바야쓰 아 운 레스따우란떼
Ⓑ Entonces ¿vayas a un restaurante?

오예  까르멘  바모쓰 아 알모르싸르
Ⓐ Oye, Carmen, vamos a almorzar.

야  쏜  라쓰 도쓰
Ya son las dos.

뻬로  노  뗑고  암브레  뽀르
Ⓑ Pero, no tengo hambre, por

에쏘 노  끼에로  알모르싸르
eso no quiero almorzar.

부에노  엔똔세쓰  쏠로 보이 아 꼬메르
Ⓐ Bueno. entonces sólo voy a comer.

---

**거리**

▶거리가 얼마나 되지요?
께 디스딴시아 아이
¿ Qué distancia hay?

▶차로 30분 걸립니다.
쎄 따르다 뜨레인따 미누또쓰 엔 꼬체
Se tarda treinta minutos en coche.

175

## 79. 많이 아프니?

Ⓐ 야. 나 배가 아파.

Ⓑ 무슨 일이야? 많이 아프니?

Ⓐ 심하지는 않지만 좀…

Ⓑ 그러면 화장실에 가겠니?

Ⓐ 그래. 하지만

  길거리에는 화장실이 없잖니?

### WORDS & PHRASES

• estómago : m. 위

떼 두엘레 무초
## ¿Te duele mucho?

Ⓐ 오예 메 씨엔또 말 델 에스또마고
**Oye, me siento mal del estómago.**

Ⓑ 께 띠에네쓰 떼 두엘레 무초
**¿Qué tienes? ¿Te duele mucho?**

Ⓐ 노 무초 뻬로 씨 알고
**No, mucho, pero sí algo···**

Ⓑ 엔똔세쓰 끼에레쓰 이르 알 쎄르비씨오
**Entonces, ¿quieres ir al servicio?**

Ⓐ 끼에로 아쎄를로
**Quiero hacerlo.**

뻬로 엔 라 까예 노 아이 쎄르비씨오
**Pero ¿en la calle no hay servicios?**

177

Ⓐ 삐삐. 저 여자애는 누구니?

Ⓑ 어떤 애 말이니?

Ⓐ 너하고 같이 이야기 했던 여자애 말야.

Ⓑ 까르멘이야. 굉장히 예쁘지?

Ⓐ 그래. 너의 여자 친구니?

Ⓑ 그럼.

# WORDS & PHRASES

- hablaste : hablar (말하다, 이야기하다)의 부정과거 2인칭 단수형
- junto a : ~와 함께
- tí : tú (너)의 전치격 인칭대명사

쏘브레　라　보니따　아미가
# Sobre la bonita amiga

뻬뻬　끼엔　에쓰　아께야　찌까
Ⓐ Pepe, ¿quién es aquella chica?

꽐
Ⓑ ¿Cuál?

라　찌까　께　아블라스떼　훈또　아　띠
Ⓐ La chica que hablaste junto a tí.

에쓰　까르멘　에쓰　무이　보니따
Ⓑ Es Carmen. ¿Es muy bonita?

씨　에쓰　뚜　아미가
Ⓐ Sí. ¿Es tu amiga?

끌라로
Ⓑ ¡Claro!

## 여행중 병원에서

▶여기 허리를 삐끗했습니다.

메 에 디스로까도 라 신뚜라
Me he dislocado la cintura.

▶오른쪽으로 누우세요.

뚬베세 아 라 데레차
Túmbese a la deracha.

▶허리가 많이 아픕니다.

메 두엘레 무초 라 신뚜라
Me duele mucho la cintura.

179

# 81. 9,000원 밖에 없습니다.

STEP STEP

Ⓐ 안또니오, 너 지금 돈 얼마나 갖고 있니?

Ⓑ 구천원 밖에 없어.

Ⓐ 그 돈 나에게 빌려줄 수 있겠니?

Ⓑ 안 되겠어.

그 돈으로 책을 한 권

사야만 하거든.

## WORDS & PHRASES 32

- prestar : 빌려주다, 제공하다
- dinero : m. 돈
- nueve mil : 9,000
- tener : 가지다의 현재 인칭 변화
- tener que + 동사원형 : ~해야만 한다(영어의 must, have to)

180

노 뗑고 마쓰 께 누에베 밀 워네쓰
**No tengo más que nueve mil wones.**

안또니오 꽈느또 디네로 띠에네쓰 아오라
ⒶAntonio, ¿cuánto dinero tienes ahora?

노 뗑고 마쓰 께 누에베 밀 워네스
ⒷNo tengo más que nueve mil wones.

뿌에데쓰 쁘레스따르메 아께ㄹ 디네로
Ⓐ¿Puedes prestarme aquel dinero?

노 뿌에도 아쎄를로
ⒷNo puedo hacerlo,

뽀르께 뗑고 께 꼼쁘라르 온 리브로
porque tengo que comprar un libro

꼰 엘 디네로
con el dinero.

---

### 여행중 병원에서

▶ 어지럽습니까?

띠에네 마레오
¿Tiene mareo?

▶ 네, 머리가 아프고 어지럽습니다.

씨 메 두엘레 라 까베사 이 뗑고 마레오
Sí, me duele la cabeza y tengo mareo.

## 82. 조용히 하세요!

STEP ↑ STEP

Ⓐ 제발 그렇게 소리 좀 지르지 마세요.

Ⓑ 왜요?

Ⓐ 당신들이 호텔에 있다는 걸 모르세요?

여기는 여러분의 집이 아니란 말입니다.

Ⓑ 네. 네. 알겠습니다.

Ⓐ 여러분들 취했군요?

Ⓑ 아니요, 취하지 않았어요.

## WORDS & PHRASES 🎵

- silencio : m. 조용, 고요, 정적
- dejad : dejar (그만두다)의 2인칭 복수명령형
- gritar : 소리지르다
- borracho : 술취한

씰렌씨오
# ¡Silencio!

데하드 데 그리따르 딴또 뽀르 화보르
ⓐ Dejad de gritar tanto, por favor.

뽀르께
ⓑ ¿Porqué?

노 사벤 께 에스딴 엔 운 오뗄
ⓐ ¿No saben que están en un hotel?

아끼 노 에쓰 쑤 까사
Aquí no es su casa.

씨 씨 부에노
ⓑ Sí, sí, bueno.

에스딴 보라쵸쓰
ⓐ ¿Están borrachos?

노 노 에스따모쓰 보라쵸쓰
ⓑ No, no estamos borrachos.

---

### 여행중 병원에서

▶ 숨을 내쉬세요.

레스삐레
Respire.

▶ 숨을 들이마시세요.

노 인스삐레
No inspire.

---

Ⓐ 여기가 어디죠?

Ⓑ 세종로 입구입니다.

Ⓐ 길을 잃지나 않을까 두렵군요.

Ⓑ 걱정마세요.

항상 제가 당신과 함께 있을테니까요.

● entrada : f. 입구
● miedo : m. 겁, 공포
● no se preocupe : preocuparse (걱정하다)의 부정존칭 명
령형

돈데　에스따모쓰
## ¿Dónde estamos?

돈데　에스따모쓰
Ⓐ ¿Dónde estamos?

에스따모쓰 엔 라 엔뜨라다 데 라 까예　세종
Ⓑ Estamos en la estrada de la Calle Saejong.

뗑고　미에도 아 데하르메　엔 라 까예
Ⓐ Tengo miedo a dejarme en la calle.

노　쎄　브레오꾸뻬
Ⓑ No se preocupe.

씨엠쁘레　에스또이 꼰　우스떼드
Siempre estoy con usted.

---

### 여행중 병원에서

▶배가 아픕니다.

뗑고 돌로르 데 에스또마고
Tengo dolor de estómago.

▶숨쉬기가 곤란합니까?

에스 디피실 데 르레스삐라르
¿Es difícil de respirar?

▶네, 그리고 화장실에 가고 싶습니다.

씨 끼에로 이르 알 바뇨
Sí, quiero ir al baño.

Ⓐ 당신의 직업은 뭐죠?

Ⓑ 지금 당신이 보시다시피

택시 운전사입니다.

Ⓐ 당신 직업에 만족하세요?

Ⓑ 물론입니다.

자랑스럽게까지 생각되는걸요.

Ⓐ 아, 그러세요!

## WORDS & PHRASES

- oficio : m. 일, 직업
- conductor : m. 지도자, 운전사
- contenta : contentar (만족시키다)의 3인칭 단수형

께   에쓰 쑤 오피씨오
# ¿Qué es su oficio?

직업

께   에쓰 쑤 오피씨오
Ⓐ ¿Qué es su oficio?

아오라   베  우스떼드
Ⓑ Ahora ve usted,

쏘이 엘 꼰둑또르   델  딱씨
soy el conductor del taxi.

쎄 꼰뗀따   꼰   쑤 오피씨오
Ⓐ ¿Se contenta con su oficio?

보르   쑤뿌에스또
Ⓑ Por supuesto.

아데마쓰  쏘이 오르구요  데 쎄르 꼰둑또르
Además soy orgullo de ser conductor.

오   부에노
Ⓐ ¡Oh, bueno!

# WORDS & PHRASES ♫

contentarse con : ~에 만족하다
• orgullo : 자랑스러운, 긍지가 대단한
  ~de : ~에 자부심을 가진

187

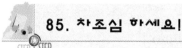
Ⓐ 이보세요, 부인.

신호등이 빨간불이잖아요.

거리에서는 항상 차조심을

해야 한다는 걸 모르세요?

Ⓑ 네 잘 알아요.

Ⓐ 그러면 신호등이

녹색일 때 길을

건너셔야죠.

Ⓑ 네, 그렇군요.

떼가 꾸이다도 델 꼬체
# ¡Tenga cuidado del coche!

오예 쎄뇨라
Ⓐ Oye, señora.

엘 쎄마포로 에스따 로호
El semáforo está rojo.

노 싸베 께 씨엠쁘레 띠에네
¿No sabe que siempre tiene

께 꾸이다르 델 꼬체 엔 까예
que cuidar del coche en calle?

씨 비엔
Ⓑ Sí, bien.

엔똔쎄쓰 띠에네 께 끄루싸르
Ⓐ Entonces tiene que cruzar

뽀르 라 까예 꾸안도 엘
por la calle cuando el

쎄마포로 에스따 베르데
semáforo está verde.

부에노
Ⓑ Bueno.

189

## 86. 세탁소에서

Ⓐ 내일까지 이 와이셔츠를 세탁해

주실 수 있으세요?

Ⓑ 네, 손님. 어떻게 해드릴까요?

Ⓐ 드라이크리닝해 주세요.

Ⓑ 알겠습니다. 그렇게 해드리지요.

## WORDS & PHRASES ☜

- lavandería : f. 세탁소
- camisa : f. 와이셔츠
- limpiar : 세탁하다, 씻다, 닦다
- en seco : 드라이크리닝으로

190

엔 라 라반데리아
# En la lavandería

A
쎄 뿌에데 라바르 에스따
¿Se puede lavar esta

까미싸 아 마냐나
camisa a mañana?

B
씨 쎄뇨르 꼬모 라 끼에레
Sí, señor. ¿Cómo la quiere?

A
쎄 뿌에데 림삐아르 엔 쎄꼬
Se quede limpiar en seco.

B
비엔 뿌에쓰 에쏘
Bien, pues eso.

---

## 여행중 병원에서

▶수면제를 좀 드릴까요?
끼에레 우스떼ㄷ우나 빠스띠야 빠라 도르미르
¿Quiere Ud. una pastilla para dormir?

▶네, 부탁합니다.
씨 뽀르 파보르
Sí, por favor.

▶간호사를 부르는 장치는 어디 있습니까?
돈데 에스따 엘 보똔 빠라 야마르 아 라 엔페르메라
¿Dónde está el botón para llamar a la enfermera?

191

Ⓐ 당신에게 내 친구 까르멘을 소개합니다.

Ⓑ 당신을 알게 되어 기쁩니다.

Ⓒ 저 역시 기쁩니다.

Ⓑ 어디에서 오셨습니까?

Ⓒ 아르헨티나에서 왔습니다.

# WORDS & PHRASES ✿

- presento : presentar (소개하다, 제출하다)의 1인칭 단수
  형
- conocer : 알다

쁘레쎈또　　아 우스떼드 아 미　아미가
# Presento a usted a mi amiga.

(A)
쁘레쎈또　아 우스떼드 아 미 아미가 까르멘
Presento a usted a mi amiga Carmen.

(B)
무쵸　　구스또 엔　꼬노쎄를로
Mucho gusto en conocerlo.

(C)
무쵸　　구스또 땀비엔
Mucho gusto, también.

(B)
데 돈데　비에네 우스떼드
¿De dónde viene usted?

(C)
벵고　데 아르헨띠나
Vengo de Argentina.

---

## 여행중 병원에서

▶ 이걸 누르세요.

또께 에스떼
Toque éste.

▶ 더 필요한 것이 있으면 말씀하세요.

디가메 씨 네세씨따 알고 마스
Dígame si necesita algo más.

▶ 아니오, 감사합니다.

노 그라시아스
No, gracias.

Ⓐ 머리를 자르실려구요?

Ⓑ 네.

Ⓐ 어떻게 잘라드릴까요?

Ⓑ 길지도 짧지도 않게 해주세요.

Ⓐ 좋아요. 여기 앉으세요 손님.

Ⓑ 그러지요.

가능한한 멋있게 좀......

Ⓐ 하하. 그러지요.

## WORDS & PHRASES

- peluquería : f. 이발소
- cortar : 자르다
- pelo : m. 머리카락, 털

## 엔 라 베ㄹ루께리아
# En la peluquería

Ⓐ 끼에레 꼬르따르 엘 뻬ㄹ로
### ¿Quiere cortar el pelo?

Ⓑ 씨
### Sí.

Ⓐ 꼬모 로 끼에레 우스떼ㄷ
### ¿Cómo lo quiere usted?

Ⓑ 니 라르고 니 꼬르또
### Ni largo ni corto.

Ⓐ 비엔 쎄 씨엔떼 아끼 쎄뇨르
### Bien. Se siente aquí, señor.

Ⓑ 부에노 로 마쓰 구아뽀
### Bueno. Lo más guapo

보씨블레 뽀르 파보르
### posible, por favor.

Ⓐ 하 하 뿌에쓰 에쏘
### Ja, Ja, pues eso.

## WORDS & PHRASES 🎵

- largo : 긴
- corto : 짧은

195

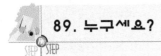

Ⓐ 누구세요?

Ⓑ 우편 배달부입니다. 편지 한 통 가져왔는데요.

Ⓐ 잠깐만요.

Ⓑ 너는 편지를 많이 받는구나 꼬마야, 그렇지?

Ⓐ 네, 아저씨

## WORDS & PHRASES

- cartero : m. 우편배달부
- recibes : recibir (받다)의 2인칭 단수형

끼엔 야마
## ¿Quién llama?

누구

끼엔 야마 아 라 뿌에르따
Ⓐ ¿Quién llama a la puerta?

에쓰 엘 까르떼로 뜨라에 우나 까르따 빠라 띠
Ⓑ Es el cartero. Trae una carta para tí.

온 모멘또
Ⓐ Un momento.

뚜 레씨베쓰 무차쓰 까르따쓰 니뇨 베르닫
Ⓑ Tú recibes muchas cartas, niño, ¿verdad?

씨 쎄뇨르
Ⓐ Sí. señor.

---

### 여행중 병원에서

▶화장실에 가고 싶습니다.
끼에로 이르 알 바뇨
Quiero ir al baño.

▶소변이 보고 싶습니다.
끼에로 오리나르
Quiero orinar.

▶대변이 보고 싶습니다.
끼에로 디페까르
Quiero defecar.

197

## 90. 이 시계는 누구의 것입니까?

STEP STEP

Ⓐ 이 시계 누구의 것이니?

Ⓑ 잘은 모르겠지만,

아마 까르멘의 것일거야.

Ⓐ 그러면 어떤 시계가 네 것이니?

Ⓑ 이거야.

# WORDS & PHRASES ㉜

• reloj : m. 시계
• de quién : 누구의 것
• quizás : 아마
• sera : ser (이다)의 가능법 3인칭 단수

198

데 끼엔 에쓰 에스떼 렐로흐
# ¿De quién es este reloj?

데 끼엔 에쓰 에스떼 렐로흐
Ⓐ ¿De quién es este reloj?

노 레꾸에르도 비엔
Ⓑ No recuerdo bien,

삐로 끼싸쓰 쎄라 데 까르멘
pero quizás sera de Carmen.

엔똔세쓰 꽐 렐로흐 에레쓰 데 띠
Ⓐ Entonces, ¿cuál reloj eres de tí?

에스떼 에쓰 엘 미오
Ⓑ Este es el mío.

---

## 여행중 병원에서

▶산책을 해도 됩니까?

쁘에도 다르 운 빠세오
¿ Puedo dar un paseo?

▶의자에 앉아도 됩니까?

쁘에도 쎈따르메 엔 라 씨야
¿ Puedo sentarme en la silla?

▶전화를 써도 되겠습니까?

쁘에도 우사르 엘 뗄레포노
¿ Puedo usar el teléfono?

199

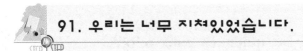
Ⓐ 너희들은 어제 왜 우리집에 오지 않았지?

Ⓑ 당신집에 가기에는

우리가 너무 지쳐있었어요.

Ⓐ 그렇다면 나에게 전화를 해 주었어야 했잖아.

Ⓑ 대단히 죄송합니다, 선생님.

# WORDS & PHRASES 32

- estabamos : estar (있다)의 불완료 과거 1인칭 복수형
- cansado : 피곤한, 지친
- vinisteis : venir (오다)의 부정과거 2인칭 복수형
- teléfonear : 전화하다
- Lo siento mucho : 대단히 죄송합니다

에스따바모쓰 데마씨아도 깐싸도쓰
# Estábamos demaciado cansados.

보르께 노 비니쓰떼이쓰 아 미 까사 아예르
Ⓐ ¿Porqué no vinisteis a mi casa ayer?

에쓰따바모쓰 데마씨아도 깐싸도쓰
Ⓑ Estábamos demaciado cansados

빠라 이르 아 쑤 까사
para ir a su casa.

엔똔세쓰 메 뚜비스떼이쓰 께 뗄레포네아르
Ⓐ Entonces me tuvisteis que teléfonear.

로 씨엔또 무쵸 쎄뇨르
Ⓑ Lo siento mucho, señor.

## 여행중 교통사고

▶견인차 좀 불러주세요.

엔비에메 우나 그루아
Envíeme una grua

▶불러드리고 말고요.

꼰 무초 구스또
Con mucho gusto.

▶면허증 좀 보여주실까요?

쁘에도 베르 수 리센시아 데 꼰두시르
¿ Puedo ver su licencia de conducir?

**201**

Ⓐ 주차장이 어디에 있습니까?

Ⓑ 길을 건너서 곧장(똑바로)가십시오.

Ⓐ 여기에서 매우 멀리 떨어져 있습니까?

Ⓑ 아니예요. 그렇게 멀지 않아요.

　아마 걸어서 5분 정도 걸릴 겁니다.

Ⓐ 감사합니다.

Ⓑ 천만에요.

WORDS & PHRASES 32

- parada : f. 정류장, 주차장
- cruce : cruzar (건너다, 횡단하다)의 존칭 명령형
- tardaría : tardar ((시간이) 걸리다)의 가능법 3인칭 단수
- a pie : 걸어서

## 돈데　에스따 우나　빠라다　데　꼬체쓰
# ¿Dónde está una parada de coches?

Ⓐ 돈데　에스따 우나　빠라다　데　꼬체쓰
¿Dónde está una parada de coches?

Ⓑ 끄루쎄 라 까예　이 씨가 데레초
Cruce la calle y siga derecho.

Ⓐ 에스따 무이 레호쓰 데 아끼
¿Está muy lejos de aquí?

Ⓑ 노　노 에쓰 딴　레호쓰
No, no es tan lejos.

끼싸쓰　따르다리아 씬꼬　미누또쓰　아 삐에
Quizás tardaría cinco minutos a pie.

Ⓐ 그라씨아쓰
Gracias.

Ⓑ 데　나다
De nada.

Ⓐ 그녀가 어디에서 태어났는지 아십니까?

Ⓑ 네, 알지요.

Ⓐ 어디인데요?

Ⓑ 대구에서 태어났어요.

Ⓐ 그렇다면 그녀는 대구 출신이군요.

Ⓑ 맞아요.

# WORDS & PHRASES ♋

- nació : nacer (태어나다)의 부정과거 3인칭 단수형
- sabe : saber (알다)의 3인칭 단수형

싸베 우스떼드 돈데 나씨오 에야
### ¿Sabe usted dónde nació ella?

싸베 우스떼드 돈데 나씨오 에야
Ⓐ ¿Sabe usted dónde nació ella?

씨 로 쎄
Ⓑ Sí, lo sé.

돈데
Ⓐ ¿Dónde?

나씨오 엔 대구
Ⓑ Nació en Daegu.

엔똔쎄쓰 에야 에쓰 데 대구
Ⓐ Entonces, ella es de Daegu.

라쏜
Ⓑ Razón.

---

### 기본적인 단어

| 봄 | 가을 |
|---|---|
| primavera | otoño |
| 쁘리마베라 | 오또뇨 |
| | |
| 여름 | 겨울 |
| verano | invierno |
| 베라노 | 인비에르노 |

Ⓐ 저, 실례합니다만

라이타좀 빌려주시겠습니까?

Ⓑ 여기 있습니다.

Ⓐ 대단히 감사합니다.

Ⓑ 천만에요.

Ⓐ 안녕히 가십시요, 선생님.

Ⓑ 안녕히 가세요.

WORDS & PHRASES

- encendedor : m. 라이터, 점화기
- hasta la vista : 원뜻은 다시 볼 때까지 안녕

뿌에데 쁘레쓰따르메 엘 엔쎈데도르
## ¿Puede prestarme el encendedor?

볼르 파보르
Ⓐ Por favor.

뿌에데 쁘레쓰따르메 엘 엔쎈데도르
¿Puede prestarme el encendedor?

아끼 에스따
Ⓑ Aquí está.

무차쓰 그라씨아쓰
Ⓐ Muchas gracias.

데 나다
Ⓑ De nada.

아디오쓰 쎄뇨르
Ⓐ Adios, señor.

아디오쓰 아쓰따 라 비쓰따
Ⓑ Adios, hasta la vista.

## 95. 취미가 무엇입니까?

STEP | STEP

Ⓐ 당신의 취미는 뭐죠?

Ⓑ 제 취미는 독서와 요리예요.

  당신은요?

Ⓐ 제 취미요? 노는 거지요.

Ⓑ 하. 하. 농담도 잘하셔

WORDS & PHRASES 32

- aficón : f. 기호, 취미
- leer : (책을) 읽다
- cocer : 요리하다, 삶다, 굽다, 찌다

께 에쓰 쑤쓰 아피씨오네쓰
# ¿Qué es sus afciónes?

께 에쓰 쑤쓰 아피씨오네쓰
Ⓐ ¿Qué es sus aficiónes?

미쓰 아피씨오네쓰 쏜 레르 이 꼬쎄르
Ⓑ Mis aficiónes son leer y cocer.

이 우스떼드
¿Y usted?

미 아피씨온 에쓰 후가르
Ⓐ ¿Mi afición? Es jugar.

하 하 부엔 브로미쓰따
Ⓑ Ja, ja. ¡Buen bromista!

---

## 기본적인 단어

| 번화가 | 상점 |
|---|---|
| calle concurrida | tienda |
| 까예 꼰꾸리다 | 띠엔다 |
| | |
| 영업시간 | 가격표 |
| horario de negocios | lista de precios |
| 오라리오 데 네고시오스 | 리스따 데 쁘레시오스 |

**209**

Ⓐ 이 넥타이 얼마죠?

Ⓑ 육천원입니다.

Ⓐ 가격 좀 깎아주실 수 없으신가요?

Ⓑ 깎아드릴 수가 없습니다.

그것이 정찰가격이거든요.

WORDS & PHRASES

• precio : 가치, 댓가, 가격
• fijo : 정해진, 고정된
• bajar : 내려가다, 내리다

에쏘  에쓰 쁘레씨오 피호
**Eso es precio fijo.**

꽌또   에쓰 에스따 꼬르바따
Ⓐ ¿Cuánto es esta corbata?

쎄이쓰 밀 워네쓰
Ⓑ Seis mil wones.

노   쁘에데 우스떼드 바하르 엘 쁘레씨오
Ⓐ ¿No puede usted bajar el precio?

노   뿌에도  아쎄를로
Ⓑ No puedo hacerlo.

에쏘 에쓰 쁘레씨오 피호
Eso es precio fijo.

---

기본적인  단어

| 여행용가방 | 서류가방 |
|---|---|
| maleta | maletíon |
| 말레따 | 말레띠온 |
| **멜빵가방** | **큰가방** |
| mochila | maleta grande |
| 모칠라 | 말레까 그란데 |

**211**

# 97. 음악회에 가자.

Ⓐ 까르멘 오늘밤 너 뭐할거니?

Ⓑ 아직 모르겠어.

Ⓐ 오늘밤 시간 있으면

   음악회에 가자.

Ⓑ 그래 좋아.

Ⓐ 그러면 우리 몇 시에 만날까?

Ⓑ 일곱 시에 만나자.

WORDS & PHRASES ☜

- concierto : m. 연주회, 음악회
- noche : f. 밤
- encontramos : encontrar (만나다)의 1인칭 복수형
- siete : 7

212

바모쓰 알 꼰씨에르또
# Vamos al concierto.

까르멘 께 바쓰 아 아쎄르 에스따 노체
Ⓐ Carmen, ¿qué vas a hacer esta noche?

야 노로 쎄
Ⓑ Ya nolo sé.

씨 에스따쓰 리브레 에스따 노체
Ⓐ Sí estás libre esta noche,

바모쓰 알 꼰씨에르또
vamos al concierto.

부에노
Ⓑ Bueno.

엔똔세쓰 아 께 오라 노쓰 엔꼰뜨라모쓰
Ⓐ Entonces, ¿a qué hora nos encontramos?

알 라쓰 씨에떼
Ⓑ A las siete.

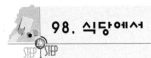
Ⓐ 무엇을 주문하시겠습니까 손님?

Ⓑ 메뉴좀 갖다주세요.

Ⓐ 여기 있습니다.

Ⓑ 야채스프 하나요.

　그러면 너는 뭘 먹겠니?

Ⓒ 나도 야채스프.

Ⓐ 네. 곧 갖다드리지요.

WORDS & PHRASES

- menú : m. 메뉴, 식단
- sopa : f. 스프
- verdura : f. 녹색, 청과, 야채

엔 라 레쓰따우란떼
# En la restaurante

께 데쎄안 쎄뇨레쓰
Ⓐ ¿Qué desean señores?

메누 뽀르 파보르
Ⓑ Menú, por favor.

아끼 에스따
Ⓐ Aquí está.

우노 데 소빠 데 베르두라 뽀르 파보르
Ⓑ Uno de sopa de verdura, por favor.

이 뚜
Y ¿tú?

요 땀비엔
Ⓒ Yo, también.

비엔 아오라 쎄르비모쓰
Ⓐ Bien. Ahora servimos.

 WORDS & PHRASES ♬

• servimos : servir (봉사하다, 식사 시중을 들다)의 1인칭
복수

Ⓐ 이 지갑은 누구의 것입니까?

Ⓑ 잘 모르겠습니다만

아마 미석의 것일 겁니다.

Ⓐ 그러면 어떤 지갑이 당신 것이지요?

Ⓑ 이것이 제것입니다.

Ⓐ 저 책은요?

Ⓑ 역시 제것입니다.

노　레꾸에르또　비엔
# No recuerdo bien.

데　끼엔　에쓰　에스따　볼싸
Ⓐ ¿De quién es esta bolsa?

노　레꾸에르도　비엔
Ⓑ No recuerdo bien,

뻬로　딸　베쓰　쎄리아　데　미석
pero tal vez sería de Miseog.

엔똔쎄쓰　　꽐　볼싸　에쓰　데　우스떼드
Ⓐ Entonces, ¿cuál bolsa es de usted?

에스따　에쓰　라　미아
Ⓑ Ésta es la mía.

아께ㄹ　리브로
Ⓐ ¿Aquel libro?

에쓰　엘　미오　땀비엔
Ⓑ Es el mío también.

217

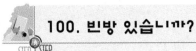

# 100. 빈방 있습니까?

Ⓐ 안녕하세요?

빈방 있습니까?

Ⓑ 네 부인.

106호실이 비어 있습니다.

여기 열쇠를 드리지요(열쇠가 있습니다.)

Ⓐ 좋아요.

그러면 제 트렁크 좀 그 방까지

옮겨주시겠습니까?

Ⓑ 물론입니다.

218

아이 우나 아비따씨온 리브레
# ¿Hay una habitación libre?

부에나쓰 노체쓰
Ⓐ Buenas noches.

아이 우나 아비따씨온 리브레
¿Hay una habitación libre?

씨 쎄뇨라
Ⓑ Sí, señora.

라 아비따씨온 씨엔 또 이 세이쓰 에스따 리브레
La habitación 106 está libre.

아끼 띠에네 우스떼드 라 야베
Aquí tiene usted la llave.

비엔
Ⓐ Bien.

엔똔세쓰 메 아쎄 엘 파보르 데 모베르
Entonces, ¿me hace el favor de mover

미 말레따 아 라 아비따씨온
mi maleta a la habitación?

꼬모 노
Ⓑ ¡Cómo no!

219

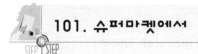
Ⓐ 저 상추가 어디에 있죠?

Ⓑ 왼쪽에 있습니다.

Ⓐ 신선한가요?

Ⓑ 물론입니다.

Ⓐ 그리고 버터는 어디에 있나요?

Ⓑ 상자 뒤에 있습니다.

# WORDS & PHRASES ♫

- supermercado : m. 수퍼마켓
- lechuga : f. 상치
- izquierda : f. 왼쪽
- fresco : 신선한, 서늘한
- mantequilla : f. 버터
- detrás de : ~의 뒤에
- caja : f. 상자, 케이스

엔　엘　쑤뻬르메르까도
# En el supermercado

보르 파보르　돈데　에스따 라 레추가
Ⓐ Por favor. ¿Dónde está la lechuga?

에스따 엔 라 이쓰끼에르다
Ⓑ Está en la izquierda.

에쓰 프레쓰까
Ⓐ ¿Es fresca?

끌라로　께　씨
Ⓑ Claro que sí.

이　돈데　에스따 라 만떼끼야
Ⓐ Y ¿dónde está la mantequilla?

에스따 데뜨라쓰 데 라 까하
Ⓑ Está detrás de la caja.

## 기본적인 단어

▶환전
깜비오 데 모네다
cambio de moneda

▶환전소
오피시나 데 깜비오 데 모네다
oficina de cambio de moneda

▶세관신고
데끌라라시온 데 아두아나
declaración de aduana

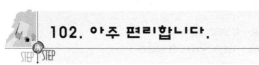
Ⓐ 너희 집이 어디니?

Ⓑ 안국동이야.

Ⓐ 집이 크니.

Ⓑ 아니야. 그렇게 크지 않아.

  하지만 그렇게 작지도 않지.

Ⓐ 편리하니?

Ⓑ 그래. 아주 편리해.

## WORDS & PHRASES ✍

에쓰 무이 꼬모다
**Es muy cómoda.**

돈데　　에스따 뚜 까사
Ⓐ **¿Dónde está tu casa?**

에스따 엔 안국 동
Ⓑ **Está en Angug-Dong.**

에쓰 그란데　　뚜 까사
Ⓐ **¿Es grande tu casa?**

노　　노 에쓰 딴　그란데
Ⓑ **No, no es tan grande.**

뻬로　노 에쓰 딴 뻬께뇨
**Pero no es tan pequeña.**

에쓰 꼬모다
Ⓐ **¿Es cómoda?**

씨 에쓰 무이 꼬모다
Ⓑ **Sí es muy cómoda.**

223

판 권
본 사
소 유

(포켓) O.K 스페인어회화

2019년 2월 20일 인쇄
2019년 2월 28일 발행

**지은이** | 국제언어교육연구회
**펴낸이** | 최 원 준

**펴낸곳** | 태 을 출 판 사
서울특별시 중구 다산로38길 59(동아빌딩내)
**등 록** | 1973. 1. 10(제1-10호)

©2009. TAE-EUL publishing Co.,printed in Korea
※잘못된 책은 구입하신 곳에서 교환해 드립니다.

■ **주문 및 연락처**
우편번호 [0][4][5][8][4]
서울특별시 중구 다산로38길 59 (동아빌딩내)
전화 : (02)2237-5577  팩스 : (02)2233-6166

ISBN  978-89-493-0560-8    13770